混知 | 漫画中华传家宝系列 ①

# 半小时读懂朱熹

这是一本翻开就能用的家教宝典　　混知团队　著

海峡出版发行集团 | 海峡文艺出版社

### 图书在版编目(CIP)数据

半小时读懂朱熹/混知团队著. —福州:海峡文艺出版社,2025.4(2025.5 重印)
 ISBN 978-7-5550-3855-9

Ⅰ.B244.7

中国国家版本馆 CIP 数据核字第 2024RM5869 号

## 半小时读懂朱熹

| | |
|---|---|
| 混知团队 著 | |
| 出 版 人 | 林 滨 |
| 责任编辑 | 蓝铃松 |
| 助理编辑 | 吴飔苿 |
| 出版发行 | 海峡文艺出版社 |
| 经 销 | 福建新华发行(集团)有限责任公司 |
| 社 址 | 福州市东水路 76 号 14 层 邮编 350001 |
| 发 行 部 | 0591-87536797 |
| 印 刷 | 苏州市越洋印刷有限公司 |
| 厂 址 | 苏州市吴中区越溪街道南官渡路 20 号 |
| 开 本 | 890 毫米×1240 毫米 1/32 |
| 字 数 | 120 千字 |
| 印 张 | 6.875 |
| 版 次 | 2025 年 4 月第 1 版 |
| 印 次 | 2025 年 5 月第 2 次印刷 |
| 书 号 | ISBN 978-7-5550-3855-9 |
| 定 价 | 35.80 元 |

如发现印装质量问题,请寄承印厂调换

# 前 言

谁愿自己的孩子只有成绩,没有家教?

没有!

家教可不只文明礼貌!熊孩子、霸凌、巨婴、玻璃心、脆皮娃娃甚至少年犯……都和缺乏家教直接相关!

家教太重要了!我赶紧上网学,结果刚看一篇文章说"越管越逆反,自由和快乐才是孩子的自驱力";又刷到"名校虎妈"说"无规矩不成方圆,严格的规矩是三个孩子都上名校的法宝"……大量碎片化资料前后矛盾、不成体系,让人越看越迷茫!

好!那下决心,系统学习教育学、心理学、哲学……可一翻开大部头的书就傻眼了,好难、好复杂!根本没法执行!

更别说还有不少经大量改造、兜售焦虑与偏激观点的"赝品",谁敢拿自己的孩子做试验?反正我不敢!

哎!要是能有一套不太复杂,好执行,但又久经验证、权威的家教教材,该多好?

有!理学集大成者,著名哲学家、教育家朱熹就提供了这极其珍贵的家教"教材"。

举几个例子:

朱熹强调"格物致知",学习不要满足在表面层次,要通过递进式的为什么,层层剥开现象,直到搞懂事物本质!——孩子照此去实践,他的逻辑、思辨以及学习能力一定不会差!

朱熹注解"博学之,审问之,慎思之,明辨之,笃行之",将学习明确分为5步:不设边界地学习;对知识问到底;系统化地思考;判断真伪;在实践中应用、知行合一。我们各种各样的学习法,不都在这句话里吗?

而《家训》中,朱熹说:"父之所贵者,慈也。子之所贵者,孝也。""父慈"是说父母要给足慈爱与呵护,"子孝"是让孩子有同理心,所以父母要换位思考,多肯定、多陪伴鼓励孩子。

朱熹还说:"勿损人而利己,勿妒贤而嫉能。"一句话简单明确地指示,照此要求自己,懂得健康竞争,远离嫉妒等负面情绪!

大道至简,和顶级的智慧学,靠谱!

看起来很不错,可是看不懂文言文,怎么办?

不懂文言文根本没关系,混知联合多位朱熹理论研究专家,选取更适合当代社会、家庭发展的重要知识点,然后都画成漫画——读朱熹的理论就像看连环画,浅显易懂!

本书,没有你担心的"爹味"说教,更像一位睿智的好友娓娓道来。此外,朱熹家训相关的许多章节,甚至可以剪下来贴在冰箱上,随时看,随时就可照着执行,真正的学以致用!

这是一本翻开就能用的家教宝典!愿本书成为读者家庭教育的神助攻!

# 《半小时读懂朱熹》团队介绍

总策划：陈磊（混子哥）

罗润洲
鸡毛

李翔
蒙古王

焦旭

花名大表哥

罗雅兰

笔尖魔法师

宋淑宁

直击灵魂的画手

张慧颖

会用智能手机

傅锦超

不务正业的电工

宗源

前地下工作者

张媛媛

混知大客户总监、中国传统文化
及爱家乡教育推广者

叶一琳

一蓑烟雨任平生

赵瑞丽

无情洗碗机

季志明

向往自然科学的画师

江炜

混知第一高度

庞志龙

耳机依赖症患者

谢宛圻

成熟的数位板要学会自己画画!

石峰

国家二级注册摸鱼师

颜昕

我画漫画?! 真的假的?!

宋子安

原始人爱空调协会会长

黄明杰

不会养植物的设计师

金羽

胡渣星驻地球办事处主任

# 本书审读专家

朱清

中国朱子学会顾问
中宣部"纪录中国"传播工程人文历史纪录片《大儒朱熹》顾问
福建省闽学研究会特约研究员
福建省图书馆正谊书院特聘研究员
厦门大学国学研究院客座教授

一、朱熹为啥这么厉害？ ………… 001

二、朱子理学就是一场接力赛 ………… 055

三、朱子的教育思想 ………… 105

四、朱子家训就是一本家教圣经 ········ 143

五、朱子理学对世界的影响 ········ 173

番外篇：朱子有趣的灵魂 ········ 189

# 一、朱熹为啥这么厉害?

朱熹那可是史上超有名的大学霸，人格魅力简直像开了挂，在中华文明的历史长河里，他就是孔子之后儒家界的"扛把子"。大家都恭恭敬敬地喊他一声：

朱熹这学霸的人生，咋就跟开了火箭加速器似的这么牛呢？他到底是咋样一步步从一个小娃娃长大成人，最后变成文化银河里那颗永远闪亮的超级巨星的呢？到底咋样才能培养出这样的天才小神童呢？

想搞清楚这些问题不？那就跟着混子哥开启探秘之旅，瞅瞅朱子那超有料的传奇一生吧！

## 一、天才儿童养成记

咱这就穿越回南北宋交替时期那乱得像一锅粥的年代。金兵老来搅和,中原都被他们霸占了。统治阶层呢,腐败虚弱,又贪心又没本事,社会乱得像个大蜂窝。

宋政和八年(1118)三月,朱熹他爹朱松好不容易考上了"编制",要去福建当官,那地方远得像在天边,根本没法照顾家里。朱松心一横,把百亩良田给卖了,领着全家人从老家徽州婺源(也就是现在的江西婺源)一路朝南跑,跑到了福建建州政和。

五年后,朱熹他爹朱松调到尤溪当县尉。这时候的北宋,战火纷飞,到处都跟炸了锅似的。朱松又先后跑到长乐县和建州府做官。

在建州府上班的朱松,为了躲开那些土匪,先回政和,接着又跑回尤溪。为了找个安全窝,朱松借宿在郑安道溪南馆。朱熹就在尤溪呱呱坠地了。大家都懂,名人出生好像都自带特效,朱熹也不例外。据说在南宋建炎四年(1130)农历九月十五,朱熹出生那天,郑氏馆舍前后的两座山竟然像约好了似的同时着火了,这可太玄幻了!

这两座山分别叫文山、公山,就是因为火势很像篆书中的"文""公"二字才得名。

传说在离尤溪500公里之外的祖籍婺源,也有超炫的祥瑞之兆在迎接朱熹的诞生呢。朱熹出生前三天,婺源朱家祖宅前的一口古井,突然就冒出一股像彩虹糖一样绚丽的紫气,还连续冒了三天,这是要召唤神龙吗?

除了这些神奇的天象,还有关于朱熹面相的趣事。朱熹出生的时候,右脸侧竟然长着七颗痣,排得那叫一个整齐,就好像是天上的北斗星跑下来在他脸上"安家"了。

据史书记载,孔子的身上也是长满异点,远看像北斗。所以甚至有朱熹是孔子化身之说。

明人蒋之翘《尧山堂外记》中记载,尤溪山人曾预言:"富也只如此,贵也只如此,生个小孩儿便是孔夫子。"

当然这都是民间美好的传说,不要完全当真,不过这一切传奇的祥兆似乎都在预告着朱熹不凡的一生。

朱熹五岁时,祖母去世,守孝在家的朱松开始全心全意督导儿子,也成了童年朱熹最好的老师。

老妈的离世让朱松心里五味杂陈，于是他就决定从《孝经》开始，给儿子传授儒家思想。朱熹这小机灵从小就像个小大人，志向远大得很，非得按照《孝经》里讲的那样去生活。

他还在书本的脑门上写了句话："不若是，非人也。"意意思是如果不孝顺父母，就不配做人。

学霸的早期教育那可太关键了！早早地就开始教育，把道德行为习惯像种小树苗一样培养起来，这就给朱子后来那些超厉害的教育理念打下了硬邦邦的基础。

五岁的朱熹和那些普通小屁孩相比，简直就是来自不同星球。别的小伙伴都在尤溪县城南的青印溪边沙洲上撒欢打滚、胡蹦乱跳呢，他倒好，一个人在沙地上画起了《易经》里的八卦图，然后像个小哲学家似的陷入深深的思考。这种对浩瀚宇宙的好奇劲儿，让长大后的朱熹一个劲儿地去探索自然规律，把知识像搭积木一样稳稳地落实到实践的学问上。

天才为啥能成为天才呢?除了家里的教育跟开了挂似的超厉害,自己的求知欲也得像小老虎一样嗷嗷猛才行。朱熹五六岁的时候,在中秋夜,这小机灵眼睛一瞪,突然指着天上的月亮,扯着嗓子就问:

这一连串问题就像连环炮,直接把朱松给轰得晕头转向,在当时那个大家都认为"天圆地方"的知识背景下,他也只能像个泄了气的皮球,无奈地摇摇头,根本没法回答儿子这超级有深度的追问。

据说朱熹六岁那年的春天,他老爹让他抄写那句经典得不能再经典的"桃花潭水深千尺,不及汪伦送我情"的唐诗。小朱熹抄着抄着,小眼睛就开始往外瞟,分心去看窗外的桃花了,结果一个不留神,把"桃"字写成了"挑"字。

他老爹一看,那脸立马就拉下来了,立刻开启"唐僧念经"式的教导模式,还特别耐心地给他讲解。朱熹这小机灵也挺有骨气,马上像个小英雄似的大喊:"我先自罚一千遍!"

这时候窗外突然雷声大作,轰隆隆响个不停,就像在敲大锣打大鼓的,可朱熹就当没听见,跟个小机器人似的专心致志地抄个不停。

等他抄完一千个"桃"字后,哇,神奇的事儿发生了!满园被风雨打得七零八落、惨兮兮的桃花竟然像被施了魔法一样,又重新绽放啦!这可真是太不可思议啦!他这不受干扰的专注劲儿,简直就是感动了老天爷。

后来朱子读书法中最重要的"居敬持志",即读书时一定要精神专一、注意力集中,就来自朱熹这样的童年经历。

家庭教育可不是光靠老爸一个人唱独角戏，从煮莲教子的故事里就能瞧出来，老妈对朱熹的教导那也是相当给力。

据说朱熹十五六岁的时候,老妈祝夫人瞅见朱熹大暑天还在那儿跟书本较劲儿,眼睛里红红的,赶紧就跑去给他煲煮白莲子汤消消火气。她一边煮还一边念叨:"儿啊,你得像莲花一样高洁,学做一个正人君子哈。"朱熹一听,感动得稀里哗啦,暗下决心:"老妈放心,我肯定做个正直的人,绝对不跑偏。"从那以后,朱熹更是像着了魔一样废寝忘食,一门心思就扑在求学上,那学习劲头简直比升空的火箭还猛。

正因为小时候的教育牛哄哄,再加上对知识如饥似渴的求知欲,朱熹这才在后来的理学教育上搞出了大名堂,成了响当当的人物。

朱子在自己的教育理念里，那可是把道德教育当成超级宝贝一样捧在手心、放在首位，还一个劲儿地强调："只有把家庭教育搞好了，才能给社会作贡献，不然就是在那瞎折腾、瞎捣乱。"

想要读书，就要先成为一个有道德的人。

朱熹从小就跟个小大人似的明白"十年树木，百年树人"的大道理。朱松带着少年朱熹种下了两株小樟树，因为朱熹小名叫沈郎，所以这两株香樟被当地老百姓亲切地称为"沈郎樟"。这两棵树到现在还矗立在南溪书院内，就像两个忠诚的卫兵，成了朱熹和尤溪之间联系紧密的象征，仿佛在诉说着朱熹小时候的那些趣事和他的成长历程。

步入青年时代之后,朱熹慢慢开始接触学术研究,为以后的爆发式成就铺设了一条星光大道。

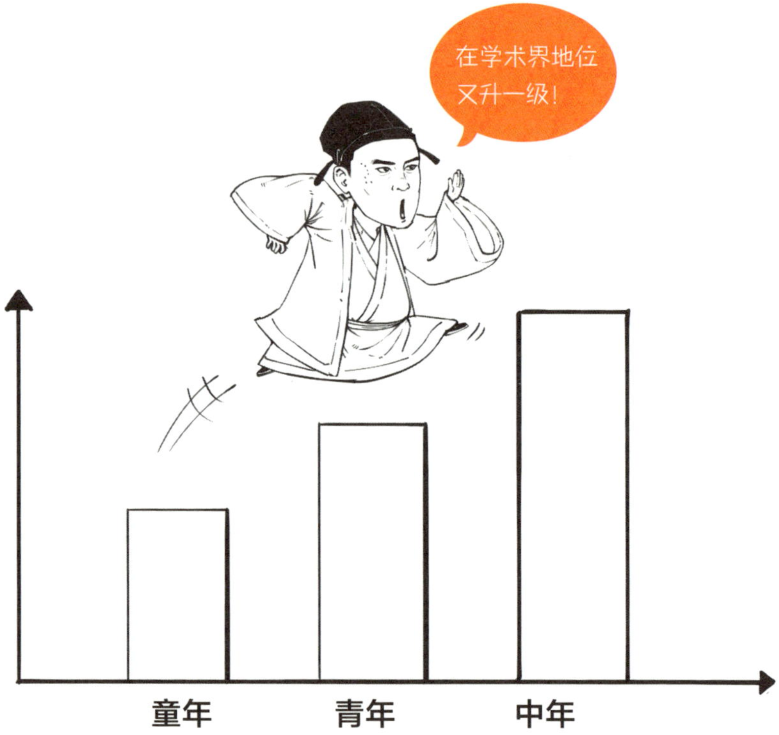

在学术界地位又升一级!

童年　青年　中年

## 二、青年朱子的学术初探

长大后的朱熹,年纪轻轻就成功"上岸",当上了公务员,妥妥的"别人家的孩子"。

朱熹能获得这样的人生成绩，是因为他遇到挫折不仅没有轻易放弃，反而把挫折当作机会，借此找到了人生目标。

别人家万分不容易才能考中的进士，他十九岁就考上了，然后到泉州的同安县当官。

优秀的人到哪里都会优秀,当了官的朱熹,开始意识觉醒。

在官场待久了,善于思考的朱熹,不仅看到了百姓所需,也看到了官场的黑暗。

大多数底层百姓的生活十分艰辛,但大大小小的权贵们却丝毫不为百姓着想。

于是,当时很多人沉迷于求仙拜佛,沉迷于幻想,不愿面对现实。

面对这样的情况,朱熹觉得在官场待下去根本不能实现抱负,也不知道做什么才能帮助国家发展。

于是"优秀青年"朱熹遇到了人生的第一个挫折,到底该如何才能实现自己的抱负?

既然官场不能实现这个志向,而且任期到了,自己现在想不出怎样帮助国家,那就去拜师求教吧。

不过,既然想要求学,找什么老师、学什么知识又变成了一个问题。

说到老师，朱熹曾向父亲的朋友"五夫三先生"胡宪、刘勉之、刘子翚学习。

他们曾经带朱熹去各种寺院游学。朱熹因此学到了很多佛学知识。

朱熹考取进士,在去同安县上任的路上,他拜访了父亲的好友李侗,曾与他讨论过佛学。

但朱熹没想到,李侗并不认同这些佛学道理,反而劝他要多读儒学经典。

学点对社会有用的吧!

现在,朱熹有了做官的经验,亲眼见证了求仙拜佛的氛围阻碍了国家发展。

虽然朱熹认为求仙拜佛无助于救国兴邦,但"佛"与"禅"其实伴随了他的成长。

这时的他，又想起了李侗当时的话，才发觉他的那些话是有道理的。

于是，朱熹在卸任后又找到了李侗，希望能拜他为师，跟着他学习儒家经典。

李侗,是杨时的徒孙。

大家可能不太熟悉杨时,但杨时的师父很多人应该都听说过,那就是著名的二程——程颢、程颐兄弟。

程颢　　　　　　程颐

"程门立雪"这个成语里的"程门",说的就是杨时与学友游酢大雪天到程颐门下求教。程颢、程颐兄弟可以说是妥妥的"学术大佬"。后世还把他俩与周敦颐、邵雍、张载一共五人组了个组合叫"北宋五子"。而北宋五子,也就是理学的创始人。

所以,这一连串关系理下来,李侗可以算是理学的正统传承人。

所以，李侗给朱熹传授的，也是理学的相关理论。

于是朱熹开始学习正统的理学理论。

此后，他下定决心走上了构建和完备理学的路，以修身、齐家、治国、平天下作为自己的人生志向。

从这里也正式开启了朱熹作为"理学"大家的传奇一生。

朱熹的很多教育理念,来自前人,所以他总结出来的教育圣经,非常值得学习。

那么,他是怎样总结出自己的理论?

又有哪些当老师的诀窍呢?

这就值得好好说道说道了。

## 三、圣人教你怎么做学问

话说就在中年的朱熹刚刚创立"中和新说"的时候,他的母亲祝夫人因病去世了。

在古代,至亲长辈去世后,要居家守孝,不能外出也不能搞娱乐活动。

朱熹在守孝的地方盖了几间草屋,称**寒泉精舍**,为国育人才,报答父母恩。

朱熹在这里给弟子们上课。

这里的精舍就是书院的意思,朱熹母亲安葬的地方叫寒泉坞,书院因此叫寒泉精舍。

学生们下课了朱熹也不闲着,而是开始著书。在这段时间里他写了不少书,最著名的就是他跟朋友吕祖谦一起写的《近思录》。这本书是语录体,让儒学变得更体系化了。

寒泉精舍期间,朱熹还找到了心学代表陆九渊来当辩论对手,双方约好时间,在一个叫**鹅湖寺**的地方,进行了一场激烈的辩论。

陆九渊说的"尊德性",朱熹说的"道问学"。

俩人就这样互相怼来怼去,谁也没法说服对方,这场鹅湖之会就这样不欢而散了。

虽然没能说服陆九渊，但朱熹也通过这场辩论受益很多，开始逐步完善自己的学说。

后来朱熹从所有的儒家经典中，挑出了四本最能体现儒家精华思想的书，这四本书就是我们熟悉的"四书"。

朱熹结合了众多学界名人对这些经典的理解,把书中的内容做了缜密的思考和分析,并且逐字逐句地做了解析和批注,做成了《四书章句集注》。

《四书章句集注》对后世产生了非常深远的影响,宋之后的元明清各朝,《四书章句集注》都被选为官方教科书,成了科举考试的标准答案。

后来朱熹因工作调动去了一个叫南康的地方上班,担任一把手。那里有一个唐朝时就建立的白鹿洞书院,已经什么都没有了,只有一个遗址。

朱熹深知教育的重要性,所以修复创建和讲学有关的书院多达几十家。

心怀振兴儒学的愿望,朱熹带人重修了白鹿洞书院,开始在这里办学招生。

白鹿洞书院成了非常著名的书院。

为了端正学风,立德树人,朱熹还订立了《白鹿洞书院学规》,把"教育出对社会有用的人才"定为教学目标。由孙中山先生为中山大学题写的校训"博学、审问、慎思、明辨、笃行"正是源自《礼记·中庸》和《白鹿洞书院学规》,体现了朱熹的教育精神。

修复白鹿洞书院后,朱熹自任洞主、聘请老师。后来朱熹又去了好几个地方上班,干到最后,他因与朝廷政见不合和反贪腐受挫,于是辞官回老家钻研"于世有补"的思想学说。

回到家乡的朱熹,在著名景区武夷山脚下选了块地,盖了一座武夷精舍,又开始在这里继续讲学。

朱熹创办的最具代表性的两个书院,是武夷精舍和考亭书院。

这里是朱熹完成理学集大成巨著的地方,也是新儒学主干力量——考亭学派的聚集地。

一. 朱熹为啥这么厉害? 035

就这样,朱熹通过讲学著述,让自己的思想得到了极大的升华和飞跃。

他又在跟人互怼的过程中,意识到了自己的不足之处并加以修正。最后,朱熹把自己这些年的思想主张进行归纳总结,全写进了书里。

朱熹自己的理学思想体系算是正式形成了。

但书中写的大道理都是理论,想当圣人该如何实践呢?

首先,我们得先知道什么样的人才是圣人。

这四张卷子打满分,我就当你是圣人。

可是这四件事,每一件都看起来挺难的,要怎样才能做好呢?

朱熹做圣人的理念，最重要的就是得多读书，把自己的脑子武装起来，别整天稀里糊涂的。和家里人相处的时候，可别像个炮仗一点就炸，得讲道理，心平气和地唠嗑。过日子也别懒懒散散、大手大脚，勤劳俭朴才是正道。

在朱熹老家的郑氏，那可是朱熹一家的大恩人。据说"四个之本"就是朱熹特意写给郑氏后人的，这就像是给他们定制的一套"独家秘籍"，让他们在为人处世、家族传承上有了超棒的指南。

朱熹在思想和教育这两块地里那可是种出了参天大树，取得的成就简直闪瞎眼。可他倒好，一点都不骄傲，没想着躺在功劳簿上睡大觉。后面的日子里，他还是一门心思地深挖细究，铁了心要在学术这条道上一路狂飙，一定要给世人拿出一些有用的新玩意儿。

教书育人没有躺平，圣人之路永远前行。

## 四、晚年朱子的业绩

朱熹这一生可谓是起起伏伏,正儿八经当官也就九年时间,但是他最引以为傲的是他的思想总结……

那他都总结什么了呢?这咱们就不得不提一提先贤圣人孔子老先生了。

孔子那可是相当厉害,把源自夏商周的文明精华一总结,就捣鼓出了儒学思想。可谁能想到呢,从魏晋南北朝开始,儒学的"老大"地位就受到佛教的强力冲击。

朱熹一看，这还了得？要是照这样下去，大家都迷迷糊糊的，没了生活目标，咱这传承了几千年的文明可不就得断了香火吗？

于是朱熹就像个超级工匠，在孔子的儒学思想基础上吭哧吭哧地继续完善，创造出了属于自己的新儒学体系，硬是把大家伙拉回到现实世界中来。

朱熹就这么巧妙地借用孔子的智慧，还添上自己的创意。

他这一番大动作，让都快被挤到角落、逐渐边缘化的"孔孟之道"又重新回到正统思想的"宝座"上。就因为这，朱熹当之无愧地被称为"儒学的集大成者"，大家也都恭恭敬敬地尊称他为"朱子"。

朱熹的这一超牛思想成就，就像一把万能钥匙，被他巧妙地插进了家庭教育这把锁里。《家礼》那也是他的重磅作品之一。

在元、明、清时期，《家礼》也是中国人家教的"行动指南"，书里把祭祖的讲究、孩子成年行冠礼的那些门道等礼节制度写得清楚又详细。从唐之后的五代十国起，到处都在打仗。这乱世之中，礼崩乐坏，社会秩序乱成了一锅粥。朱熹一看，立马站出来大声说："必须得用儒学的礼教来把这乱糟糟的社会给好好规范一下，就像给调皮捣蛋的孩子立规矩一样，这样才能让社会重新走上正轨。"

朱熹为了能让咱普通老百姓顺利接受《家礼》，那可是费了不少心思。他就像个巧手裁缝，把那些烦琐得让人头疼的古礼大刀阔斧地简化了一番。这么一来，原本只属于士大夫阶层的高大上"礼"，就像仙女下凡一样，成功下沉到民间。从此以后，老百姓们也都开始有模有样地讲"礼"。

在《家礼》的开篇，朱熹就大胆地提出要建立"祠堂"。要知道，"祠堂"在以前那可是普通老百姓想都不敢想、根本不可能拥有的东西。所以说，"祠堂"能在基层落地生根、开花结果，朱熹那可是居功至伟，简直就是推动这一变革的大功臣啊！

朱熹这人到了老年也不得闲呀,都一大把年纪了,皇帝一声令下,把他叫去漳州当市长了。朱熹心里想,既然都要去了,那可不能两手空空呀,得嘞,就把自己那一套思想宝贝似的全给带去漳州了。

老了老了,还得风餐露宿!

朱熹一边嘟囔着,一边到了漳州开始大展拳脚。他先是抛出了个"正经界"政策,这政策说起来呢,就是要重新给土地划定界限,把土地产权给明确清楚,为的就是解决贫者没地却还得交税,富者有地反倒不用交税的奇葩现象。

可这政策好是好呀,但它动了那些大地主的"蛋糕",大地主们那哪能乐意呢?一个个跳着脚反对,结果这好好的政策最终也没能推行下去,只能无奈地被搁置了,实在是太可惜咯。

除了这"正经界"政策,朱熹心里还琢磨着得好好教化当地的老百姓呢。于是乎,他就大力搞起教育来,开办了个"宾贤斋"。还专门聘请那些有名气的老师来讲学,朱熹自己也不含糊,定时就跑去亲自给学生们上课,耐心地给他们答疑解惑,就像个智慧的灯塔,给学生们照亮前行的路。

经过他这么一通努力改造,儒学在漳州就像春风吹过大地,得到了极大的推动和传播。整个漳州都大变样了,变成了个规规矩矩的礼仪之邦,到处都能听到人们礼貌的问候:

朱熹当官那可是清正廉洁,一身正气,时刻坚持以民为本,心里就想着爱民为民。他就像一棵大树,为老百姓遮风挡雨,在漳州的土地上留下了浓墨重彩的一笔,让后人都对他敬仰不已。

话又回头说到朱熹老家闽北那儿老是有水灾、旱灾,老百姓的日子过得苦哈哈,常常为了填饱肚子发愁。朱熹一瞧这情况,脑袋一拍,提出要搞个民间储粮社仓制度。

这主意就像及时雨,很快就得到了朝廷的大力支持,还向全国推广开来。朱熹呢,率先在自己的家乡五夫建立了社仓,所以这社仓也叫"五夫社仓"。

后来的人心里记着朱熹的这份大善举,就把它称为"朱子社仓"。

朱熹这一搞,那可是建立社仓制度的头号先锋,妥妥地走在了时代前列,为解决百姓温饱问题立下了汗马功劳,让大家都对他的智慧和仁心钦佩有加。

他调任浙东提举期间，他以贪赃枉法、无视法纪之名六次弹劾台州知府唐仲友，但是由于佞臣当道和官场的黑暗，没能成功把唐仲友拉下马。

后来朝廷还把朱熹改任为江西提刑，他以脚有毛病为由辞职回家。

由此可以看出朱熹的气节很高。

当时的皇帝宋孝宗叫他进京面圣，他觉得用讲得不够过瘾，就写了一封万字的密封奏章，奏章里直接批评宋孝宗治政昏庸、任用奸佞导致国事日败，这就是著名的《戊申延和奏札》。

等宋宁宗继位之后呀，朱熹那股子正气凛然的劲儿可一点儿都没减。朝廷任命他为焕章阁待制兼侍讲，这下好了，朱熹有机会给皇帝讲授《大学》了，那可得好好把握。

注意了，敲重点啦！

他在讲授的时候，特别强调"格物致知、正心诚意"的重要性，心里想着得让皇帝明白这些道理，通过匡正君德，来给容易"撒欢儿"的君权套上缰绳，别让它被滥用了。可谁能想到呢，皇帝一听就不乐意了，一下子就被惹恼了，大手一挥，直接就把朱熹给罢官了。

朱熹本来是一片好心，想帮着皇帝把国家治理好，可这皇帝不领情呀，就这么把一位正直又有学识的大臣给打发走了，实在是让人忍不住感叹：世事有时候就是这么让人无奈。

晚年的朱熹被罢官后，仍然抓紧写书，他的愿望是把所有著作都写完，让儒学发扬光大。

朱熹这一生，作为孔子之后的儒学集大成者，有着相当高的地位，他的儒学思想穿越800多年传承到现在，已经成了中国优秀文化的重要组成部分。

那么这样一个一身正气，配享孔庙的大人物都有什么样的朋友圈呢？

仔细一看还真的不得了，他的朋友圈里名儒比比皆是。

就是朋友太多，有点难记，按照分工不同，朋友们可以分为四拨，请记住这个数字：**六、三、二**

**六个交心好友：**

张栻

杨万里

陈俊卿

陆游

吕祖谦

辛弃疾

**三个辩友：**

陆九龄　　　陆九渊　　　陈亮

**两个"官方"好友：**

林夔　　　石子重

  朱熹这人可有一帮挺有意思的朋友呢！其中岳麓书院主教张栻那可是他最敬重的朋友，他俩搞的"朱张会讲"，可算得上是一场超高水平的学术高峰论坛了。俩人在那互相切磋理学思想，你来我往，那场面别提多热烈了。而且，他们这场会讲还开启了中国书院会讲的先河，在当时就跟现在上了头版头条似的，一下子引起了巨大的轰动。大家都在纷纷议论，都想知道这俩大学问家到底碰撞出了啥样的智慧火花。

还有那被称为浙东大儒的吕祖谦,朱熹和他经常互相写信,就跟现在咱们发消息聊天似的,不过他们聊的可都是高深的学术内容呀。在这一来一往的交流中,朱熹从中获得了不少启发,就好像打开了一扇又一扇新知识的大门,让他的学问更上一层楼了。

不过呢,有志同道合的朋友,那必然也少不了思想不一样的,陆九龄、陆九渊兄弟俩就是这样的存在。因为大家想法不太一样,所以就有了"鹅湖之会"这么一场同样极具开创性的学术辩论会。

那会上,两边各执一词,互不相让,唇枪舌剑地你来我往,虽然争得挺激烈,但也正是这样的碰撞,给当时的学术圈带来了不少新思考。

还有个叫陈亮的，和朱熹有着重大的思想分歧，他俩经常通过书信你来我往地展开辩论，最出名的那场就是"义利王霸之辩"。

这边朱熹说着自己的观点，那边陈亮也不甘示弱地反驳，就像两个武林高手过招。

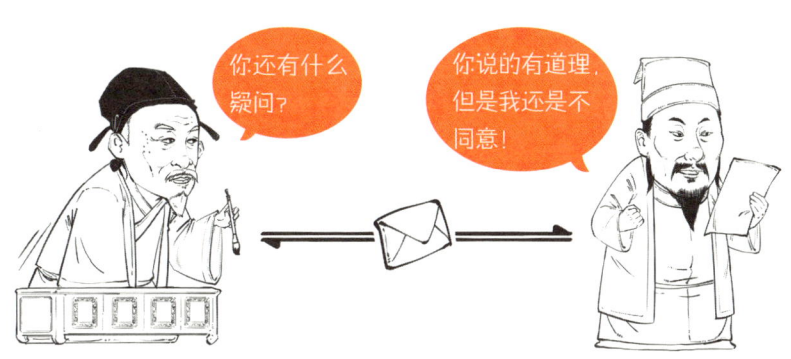

不过，虽然思想上各执一词，互不相让，可他俩却很佩服对方的人品，相互尊重得很，最后反倒成了好朋友，这缘分也是挺奇妙的。

朱熹的身边可不光只有这些能一起辩论的朋友，他还有不少官方好友，像林巘和石子重，这俩都当过尤溪县令，对朱熹那是相当看重，多次热情邀请朱熹和他的学生去传播理学。其实，像这样的朋友朱熹还有太多太多了，要是大家对朱熹的这些人际往来感兴趣，不妨自己再深入去学习学习，保准能发现更多有意思的事儿呢！

## 二、朱子理学就是一场接力赛

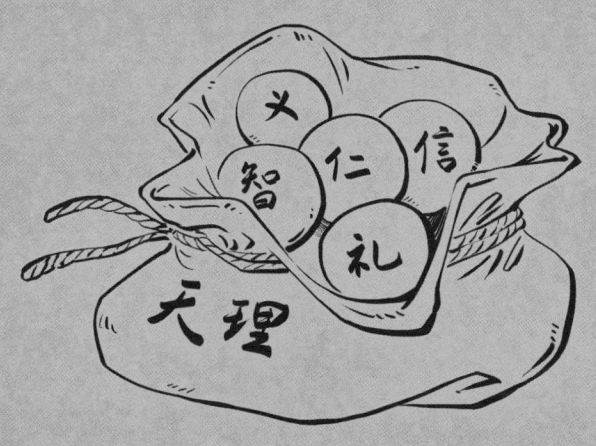

如果把中国历史上的思想争鸣，看成一场田径比赛的话，我们会看到，各家代表团轮番上阵奋勇争先。

其中在汉朝赛季，儒家代表团优秀选手董仲舒横空出世，获得了"独尊儒术"的历史佳绩。

对此混子哥觉得当时的人太年轻,看书不抬头就有才华?

有本事来观摩下现代高三学生……

但之后魏晋到隋唐赛季,儒家陷入低谷,道、佛两家后来居上占据统治地位,那么是谁打破垄断,让儒家再度登顶领奖台呢?

他就是本书的主人公,理学的集大成者:

## 朱熹

多亏了好队友,给我创造了信心!

别看到理学,就觉得好抽象、好复杂,混子哥教你一个简单的方法:你只要把它想象成是一场宋朝赛季的**儒学复兴接力赛**。这事儿就好理解多了。

那为啥要复兴儒学呢?

这是因为自唐以来儒道佛三家并行发展,其他两家都有自己的核心技术,

道家研究宇宙天地　　佛家研究自个心性

儒家不注重研究这些,就有点不被人待见了,现在技术要突破,思想要创新,儒家也开始探讨宇宙和心性的问题。

简单理解,以前的儒学比较世俗,教你入世方法,不需要过多思考,照着做就能当个好人,但现在儒学开始思考人和宇宙的关系,开始有哲学味道了。

知道了原因,接下来就是选手出场,这支队伍一共有三棒,分别是:

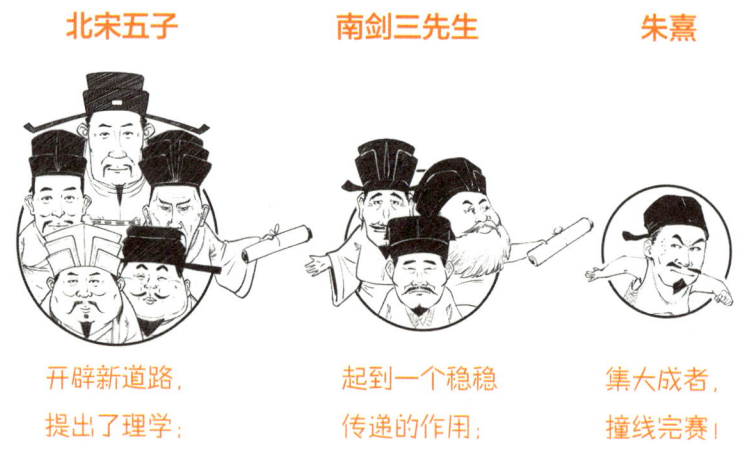

咱们一个个来介绍:

## 第一棒:北宋五子

最开始给儒学升级改造的是他们五个人,按照主要贡献还可以细分:

前三个分别是周敦颐、邵雍、张载，被称为宋初三大儒，主要研究一个问题：**宇宙是咋回事？**

他俩是程颢、程颐，给儒学做了技术升级，开辟了新赛道：**天理。**

咱们一个个说。

首先第一位出场的是"莲花爱好者"**周敦颐**。

他用一篇学术论文,回答了宇宙是咋回事。

# 《太极图说》

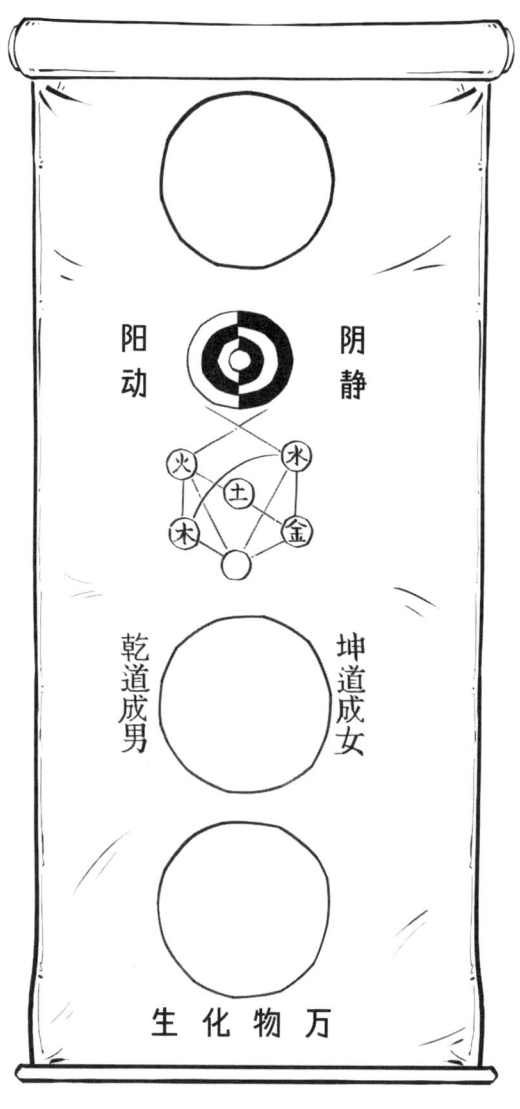

周老师说这个世界最开始啥也没有,只有一个叫太极的东西,就是这个圈:这个太极看不见摸不着,有一天它炸了!

炸出的东西就是图上的**阴**和**阳**,你别管它俩是啥,总之这俩继续撞,撞出来一堆零件,捡起来一看,嚯——

## 阴阳五行

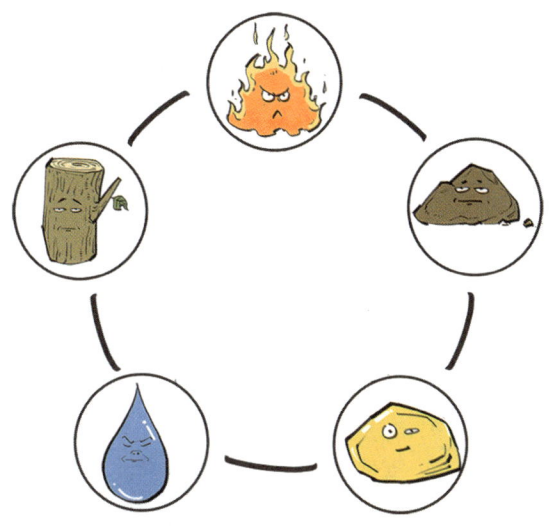

还没完呢,阴阳五行接着撞,生出了人和宇宙万物。

熟悉不?跟宇宙大爆炸像不像?

这哪还是儒学啊,这不妥妥物理学吗?

而且这篇论文只有249个字,里面提到的一些概念,都是后面理学家们反复研究的课题。

无极 阴阳 太极 动静 无欲 至诚 五行

第二个是**邵雍**,他试图用一个公式解释宇宙咋来的。

他从《周易》的六十四卦中挑出十二主卦,组合了一个环形图,来解释万物变化规律。

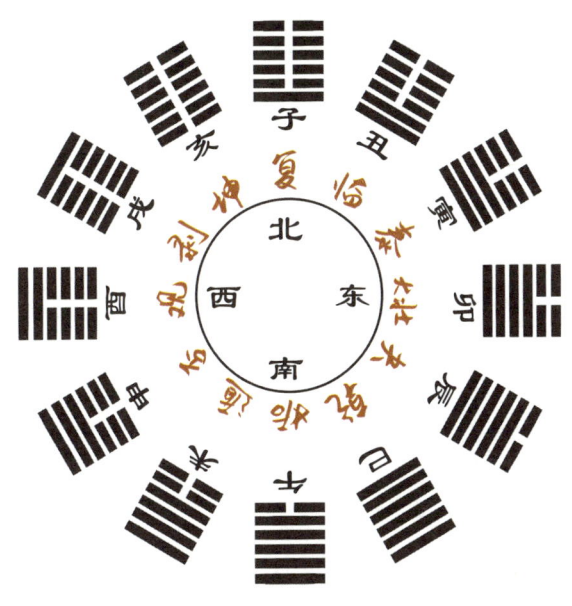

从复卦到乾卦——(阳)越来越多;
从乾卦到坤卦——(阴)越来越多。

邵雍就说这个就是宇宙万物变化发展的规律,这就像啥?混子哥给你举个例子:

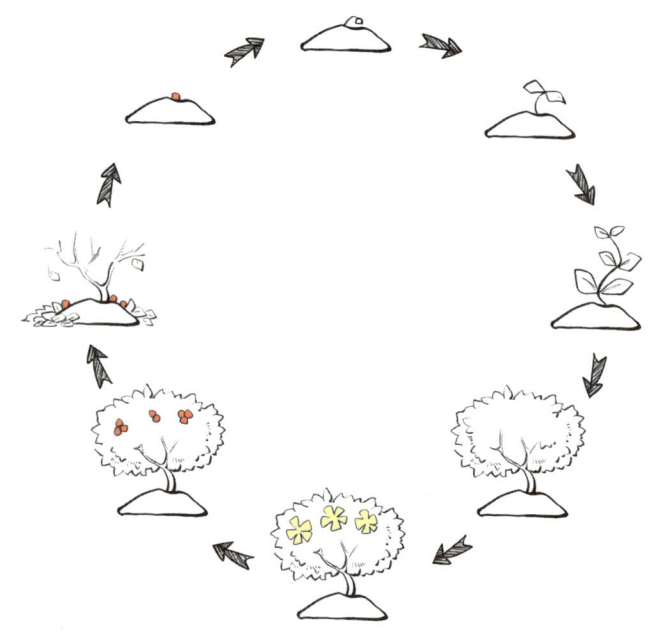

邵老师说不管是宇宙、国家还是猫狗花草,都能套用这个规律,而且他还整出了一个时间公式:

$$1元 = 12会 = 360运 = 4320世 = 129600年$$

这个1元就是宇宙的一个周期,结合上面的规律,意思就是一个宇宙的寿命就是十二万九千六百年。

别人还在研究宇宙是啥，邵雍直接给宇宙计算寿命。先别管算的对不对，他这种给宇宙划分阶段还贼自信的态度，对后世理学的思考影响很大，据说朱熹就深受影响。

第三位大儒就是**张载**，他认为宇宙万物都是气！

这就是**气本论**！

在他看来，气聚形成万物，气散万物消亡。

咱们结合微观物理学来看就比较好理解。

水由水分子构成，这是气聚，你能看到水；水蒸发就是水分子间隔变大，这是气散，水没了。

在这中间水分子就是气，水没了，但是气还在，只不过变成了你看不见的水蒸气而已。

所以张载说小到一杯水，大到整个宇宙，全是气。

到这里大家有没有发现一个问题：

宇宙是一种气，这个气能构成张三；　　张三消失后，又回归到气本身；　　下回这个气又聚，变成了李四。

这是不是说明，张三和李四虽然不一样，但万物都是一气的，所以他俩也都是某个东西的一部分？

如果你也这么想,那么恭喜你,跟大儒张载想一块去了!

这就是他在《西铭》中提到的"仁爱"观念:

## 民胞物与 万物一体

意思是既然宇宙万物都是你中有我,我中有你,那么宇宙就是咱亲妈,大家都是亲兄弟,咱要彼此相爱!

张载就是想告诉大家,别学佛家搞脱离苦海,也别学道家天天想着长生不老,活着就是活着,死了就是宇宙的一部分,

所以别瞎折腾,该干啥干啥吧。

经张载这么一解释,儒家以往那些圣贤之道,就被上升到了符合宇宙观的尺度上,大家都是宇宙的一部分,咱们要为这个整体做贡献,格局整个打开。总结成一句话就是:

虽然有三位大佬引路,但是天理是谁提出来的呢?就是这对兄弟:

他俩提出了一个概念：**天理**

啥是天理呢？你可以把它理解为自然规律、社会法则等等，比如：

放眼整个宇宙，万事万物的存在和运行，都得遵循**天理**。

二程还认为，生活中的道德规范也是天理，我们看这句话：

君臣父子，天下之定理，无所逃于天地之间

这里的天理，指代的就是社会伦理，比如当时的社会，很多人受佛家影响，

二程说这是大大的不孝，违背了君臣父子之道，违背了天理。发现没有，儒家以往提倡的那些仁义礼智信的道德规范，到了二程这里，都被上升到了"天理"的范畴，

以前你不干人事，会被指责：

现在你不干人事，会被指责：

你品品这两个词,是不是后一句杀伤力更强?

所以把伦理和天理绑定的方法太超前了,反过来还能督促大家修身养性遵循天理,让整个社会都变得规规矩矩。

简直完美!

既然天理那么重要,作为普通人如何领悟天理呢?

程颐老师马上为大家奉上参考答案:

"格物"是啥意思啊?很简单,就是你想搞透一个知识点,你得具备一种精神,不到黄河心不死、打破砂锅问到底,总之就是一句话:

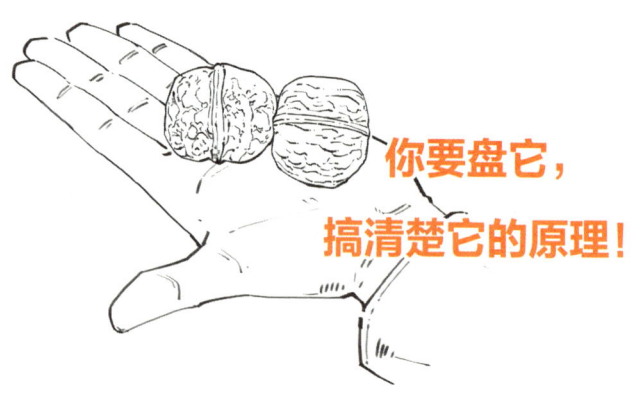

你就死盯着一个问题,不断问为啥为啥为啥,一点一点地积累知识和对理的认识,这样你兴许有可能领会到一点点天理。

说了这么多,离我们的主角朱熹还很远,但是别担心,我们只需要再认识一个关键男团,就能到达主角了,他们就是:

## 第二棒:南剑三先生

这三个人分别是:

### 杨时　罗从彦　李侗

他们仨是铁铁的师徒关系,都是南剑人,也就是今天福建南平、三明一带,所以被称为**南剑三先生**。

首先**杨时**非常关键：

为啥这么说呢？他是二程的弟子，二程在洛阳，他俩的学问也被称为"洛学"。

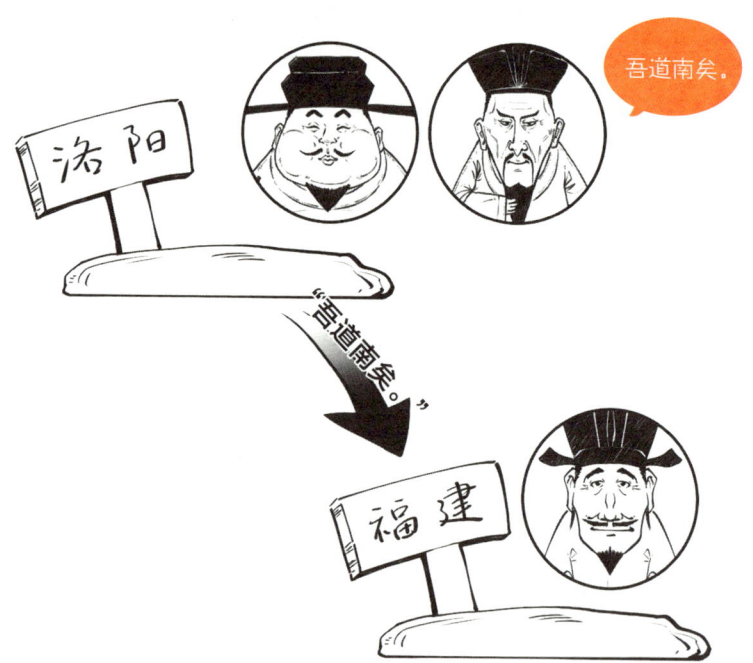

后来杨时把洛学引入福建，化成**闽学**。

如果没有杨时，朱熹可能都没机会接触理学，更不可能成为最后的理学集大成者。

杨时很尊敬老师程颐。有一次，他和学友游酢一道拜访程颐，来的时候发现老师在睡觉，就在门口等着，被淋成个雪人也一动不动，这就是"程门立雪"的故事。

生活中尊重老师，但是在做学问上，杨时却很有主见。当时包括二程在内的理学家，都不太喜欢出书，

不要总出书，写得多挨骂也多。

可杨时非常爱写书。

只要我书出得够快,黑粉就追不了我。

也幸好他没听老师的话,疯狂写了好多书,才在南方宣扬、普及了儒学思想。

在学术上他跟老师也有分歧,比如杨时觉得张载说的"万物一体",跟墨子雨露均沾的"兼爱"观点太像了。

儒家讲仁爱，
是推己及人的，
如果爱亲人都做不到，
怎能指望去爱他人？

墨子的兼爱不分顺序，
一律平等，谁都爱。

但老师程颐很推崇张载，就给杨时回信辩驳。辩论具体内容咱先不提，混子哥要告诉你的是，有一个理学界重要观点在这个过程中诞生了：

理一分殊

"理一"指的是宇宙万物背后共同的、唯一的、终极的"理"。"分殊"是指这唯一的"理"在具体事物中的不同表现。

记住这个观点,后面讲朱熹的时候还会提到。

总之,杨时是洛学南传的关键节点。

后来杨时的弟子**罗从彦**继承洛学,还通过讲学的方式传承和发扬。

在他的弟子中，有2个人很重要：

一个叫**李侗**，
深得罗老师真传，
还教了个好徒弟：

一个叫**朱松**，
生了个好儿子：

这个人就是：**朱熹**。

作为这场接力赛的最后一棒,朱熹终于登场了!

## 第三棒:集大成者朱熹

讲之前咱先跟着朱熹的视角,盘一下大佬们的代表成就:

周敦颐:
宇宙本原是太极。

邵雍:
我还用象数
算出它的寿命。

张载:
全都是气!

二程：
只有一个天理！

大佬们的学问经过南剑三先生的继承和发展，来到朱熹面前，这属于是高级配菜已经备好，接下来就看朱老师怎么炒了。

瞧好吧客官，思想盛宴即将上桌！

# 1. 理气论

看名字就知道,这个理就是从二程那里继承的,这个气是从张载那里来的,朱老师就这样综合了大佬精华,形成了自己的一套认识宇宙的哲学体系,这套体系的核心就是:**理**。

有点晕是吧?没事,咱慢慢来。

在讲之前,混子哥先问大家一个问题,咱们在生活中,一般是怎么认识一件事物的?

比如这个苹果:

先看外形,它是圆的,红的,摸起来硬的,这是看得见摸得着的。

离开树枝它就会掉下来,这是它的变化。

这是什么原因呢?聪明的朋友已经会抢答了,没错,就是**万有引力**,这个是看不见摸不着的。

苹果会因为万有引力,从树上掉下来。

这样我们就从一个事物的表现形式和变化规律上认识了它。

这在理学上是什么呢?

看得见摸得着的外在形式:　　看不见摸不着但一直存在的规律:

# 气　　　　　　　　理

你再想想,生活中,是不是任何事物,都是由这两方面构成的?

你看这个飞起来的裙摆,这是气,背后的理就是"旋转产生的离心力"。

所以朱熹老师才说：

气能构成万物的形，理是万物背后的规律。

世界上不管啥东西，都是理和气相合而成的，所以说理气就是谁也离不开谁的关系。

但如果有"杠精"一定要问谁先谁后呢？

为啥这么说呢？你这么想：

不是每个苹果都会掉下来砸头的对吧，那这时候你能说万有引力不存在吗？

就算这个世界上没有人也没有苹果，万有引力依然存在，所以理就是这件事的根本。

同样的，社会上的伦理道德也是理，比如孩子要孝敬父母，臣子要忠于皇帝。

不管世界是海枯石烂还是沧海桑田，万事万物背后的理是不变的。

在家里要讲这套规矩，在社会上就更要遵守了，所以朱老师说了这么多抽象的东西，实际上就是在用这套宇宙观，强化伦理道德呢。

当然了，你看万有引力、离心力、伦理……

这些都是体现于万物之上的理，那么这些"理"和天地万物最本原的那个理，又是什么关系呢？

刚才提到，程颐和杨时师徒关于《西铭》辩论，程颐提出的这个观点：**理一分殊**。

朱熹也很喜欢,他还用了一个更浪漫的例子来说明:

他说宇宙本原的那个理,就像是天上的月亮,整个夜空只有一个,但是你再往下看,人间的千万条河上,却倒映出了千万个月影。

无数条河里的月影,就是千千万万个具体的理,任何小小事物后面,都藏着那个最根本的理,这就叫:**月映万川,理一分殊**。

这时候又有朋友出来挑毛病:不对啊,我们的世界是一直在变化的,理怎么可能一直不变呢?

朱老师就是认为,理是不变的,变的是什么呢?是气,因为气是有动静的。

这个咋理解呢?

举个例子,比如我们每天都经历的昼夜交替。

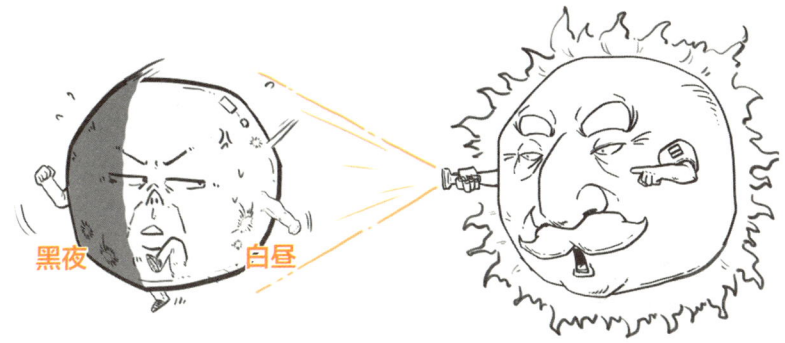

地球按照一定的规律进行自转,这是气的动静表现,所以产生了白天和黑夜的交替。

这种交替遵循的是一个不变的"理",这个"理"就是:

**地球总是以相对稳定的速度自转,
所以昼夜的交替周期相对固定。**

所以,朱熹用"理气动静"就完全可以解释宇宙万物的变化规律,这也是理学体系中的一个重要组成部分。

知道了一个东西的本原"理",认识了它的表现形式"气",连它是如何变化的规律也掌握了,通过这三个方面,咱不就能把一个东西研究透了吗?

这也是朱熹厉害的地方,他总结大佬经验,总结出了这套非常完整的认识世界的方法。

朱老师不仅教你认识,他还教你如何修炼自己去匹配这个世界,当然修炼还是离不开理气,这就是:

## 2. 心性论

朱熹继承张载和二程的思想,认为人性主要靠俩因素决定:

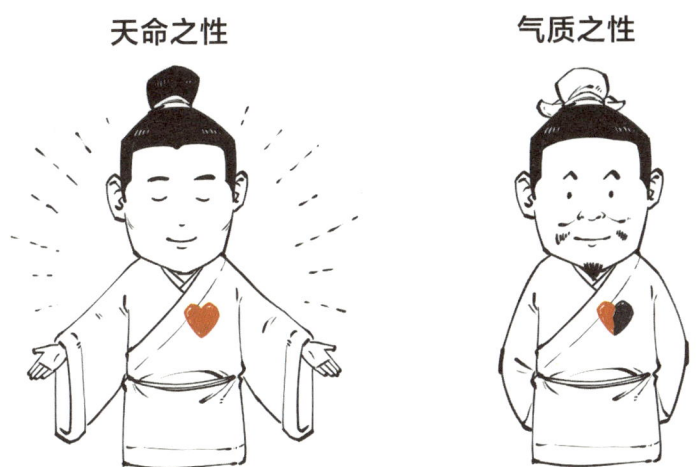

天命之性,就是具有天理的人性,意思是人出生时自带天理道德的高光,但社会是个大染缸,在社会上待久了,至善至纯的小心灵就会受到污染。

气质之性,说的是后天形成的人,是善是恶说不好。

朱老师还举例说这人性啊就像水,你用不同的工具去装,那么水质自然不一样。

又是讲理论,又是举例子,朱老师主要是想告诉大家,每个人出生时候都是自带天理高光,就因为社会套路深,环境太复杂,把你的心弄脏了。

这就是朱熹继承二程的"性即理也"的观点。他认为,只有除掉蒙蔽心性的尘埃,人就能变成圣人!

这个蒙蔽心性的东西,朱老师说是欲望,等等,提到天理、人欲……你是不是想到了啥?

没错!就是朱老师那句经典的个性签名:

**存天理,灭人欲!**

很多人因为这句话黑朱熹,说他严肃刻板,要把人的欲望统统都砍掉!

混子哥要告诉你,这是断章取义了。

因为朱熹对天理和人欲的解释是这样的:

## 饮食,天理也;山珍海味,人欲也!

吃饭,这是天理。

想顿顿海参鲍鱼,这是人欲。

## 夫妻,天理也;三妻四妾,人欲也!

夫妻,这是天理。

想左拥右抱一大堆,这是人欲。

总之，朱老师一直在教我们做个圣人，但咱们都是肉体凡胎，到底怎么才能认识天理呢？

朱熹告诉我们一个办法：

### 3. 格物致知

一听就知道，格物也是继承自二程。咱之前讲程颐教我们的格物致知，就是遇到一个事物——

不过这个词也不是他俩申请的专利,而是来自儒家经典教科书《大学》:

欲诚其意者,先致其知。致知在格物。

朱熹把它解释成"格物穷理",意思就是遇到一个事物,不断深究,刨根问底,认识到万事万物的理,从而问到最终的理。

遇到个事就问为什么,不要得到一个答案就满足,继续追问,把所有道理都穷尽出来。就比如朱熹有一首很出名的诗,其中两句就能很好地解释啥叫"格物致知":

**问渠那得清如许?为有源头活水来。**

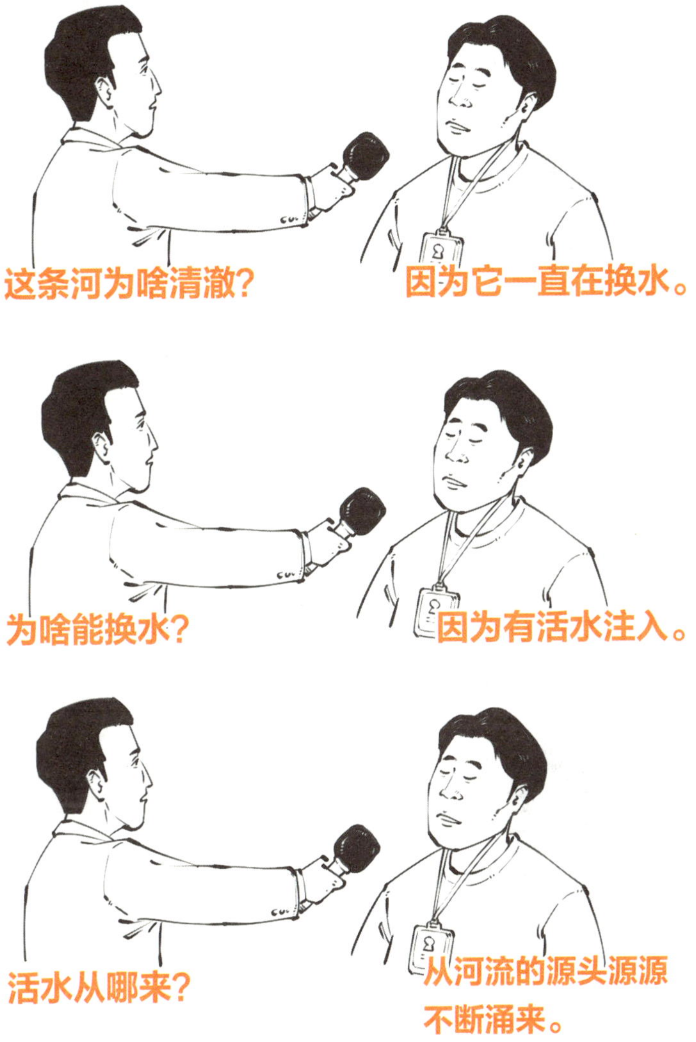

这条河为啥清澈? 因为它一直在换水。

为啥能换水? 因为有活水注入。

活水从哪来? 从河流的源头源源不断涌来。

二、朱子理学就是一场接力赛

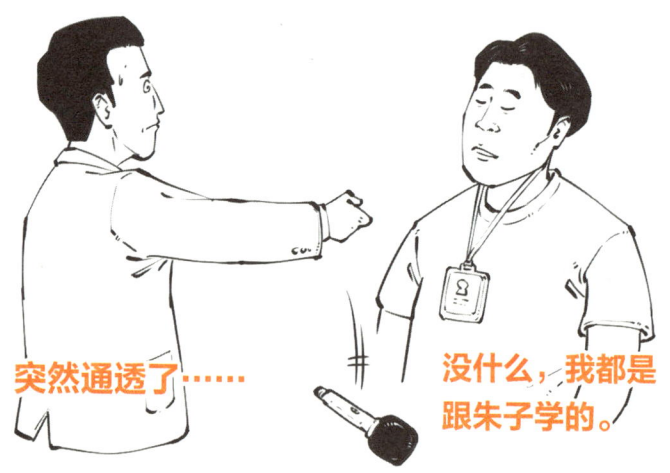

说到源头问题,不得不说一下,朱熹思想的来源就是孔子的思想。

所以看明白了吗?

朱熹就从生活中一个普通的河流,不断地格物格物,最后格出了"有源头活水,河流才能保持清澈"的理。

总之,这场复兴儒学的接力赛,最终成就了朱熹集理学大成者于一身。

他将这套"理"的思想,贯穿到了生活的方方面面,让理学不仅成为后世治国的参考,更是教育界的范本。

他的理学对教育有着什么样的影响呢?

下一篇,我们接着看。

# 三、朱子的教育思想

前面我们介绍了朱子的生平,又介绍了他的理学思想,很明显他已经是一个妥妥的大思想家,已经与他的偶像孔子相当看齐了。

除了思想家,孔子还是**教育家**。

于是朱熹也进入了教育这条赛道,他不仅让书院复兴,还建立了一套"朱熹牌"教育理念,编写了一大堆著作,影响了后世几百年的科举制度。

三、朱子的教育思想

他成为中国古代继孔子之后影响最大的教育家,至今还在影响着全世界。

混子哥总结了一下:
理学很适合教育,
更适合家庭教育。
朱熹让理学和书院一体化了。

可光靠理学就能教育人了?
当然不是,他还得搭配一些东西。
来,摊开你的手,

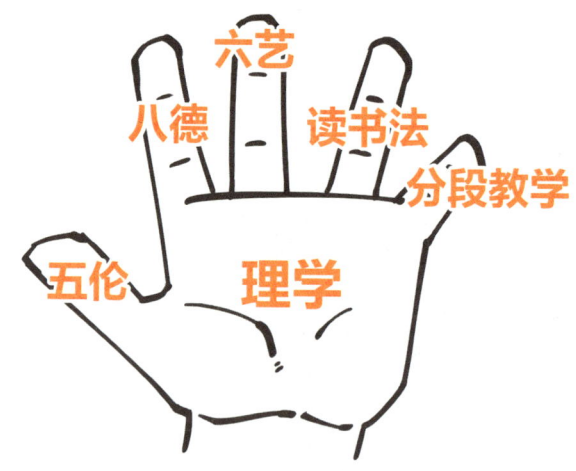

这叫以理学思想为中心,搭配五个基本点。
混子哥带你深入了解下。

"理"这个字贯穿了朱熹的一生，理学对于朱熹教育观的形成，密不可分。

理学和教育，才是最搭的哦！

理学研究万物规律，自然也研究教育规律，于是朱熹把理学融入了教育，这是一种很新颖的教育思想。

理学教育好在哪些方面？

朱熹认为教育的最终目的,是要打造五边形人才:

在儒家眼里,这样的人称为:**君子**

那怎么样才能成为君子?是不是人人都能成为君子?

朱熹说完全可能,然后拿出了自己的"理学武器":

用五伦和八德来武装大脑

用六艺和读书法来具体操作

那接下来我们就分别看看：

## 1. 啥是五伦？

五伦，即儒家所强调的五种最基本的人际关系：

**君臣**　　　　　**父子**

三、朱子的教育思想

在儒家思想这个大宝藏里,就像有一张人际关系的大网,任何人的关系都逃不出这五伦呢。这五伦就像是五根顶梁柱,撑起了儒家对于人际关系的理解。

所以,朱熹觉得一个人最基本的道德观念要想形成,就得靠这五伦教育来打基础。就像盖房子,没有牢固的地基,房子可站不稳。

于是在教育的第一步,朱熹就提出要**"明人伦"**,也就是让人明白人与人之间的伦理关系。而且还得做到**"五有"**,这可是孟子概括出来的精华,朱熹觉得这太重要啦,就把它写进了《白鹿洞书院学规》里。

这"五有"就像是五颗明亮的星星,在书院的天空里闪闪发光,指引着学生们去学习和践行正确的伦理道德啦。你想知道这"五有"具体是啥吗?

父子有亲
君臣有义
夫妇有别
长幼有序
朋友有信

做不到就别做人了。

重点说一下家庭教育:

在朱熹看来,父子关系那可是所有伦理关系的根基所在。就好比一棵大树,父子关系是深深扎在土里的根,要是根没扎好,这棵树可就长歪啦。

所以他提出**"父子有亲"**这个观点。这简单的四个字,含义可深着呢。父亲得像温暖的阳光一样爱护自己的子女,子女也要像乖巧的小棉袄一样孝顺父母。只有这样,一个家庭才会像温馨的港湾,充满和睦的气息。

除了父子关系,对于其他长辈和晚辈之间的相处,朱熹也有自己的见解。他特别强调**"长幼有序"**。这就好比是社会秩序的润滑剂,年轻的人对年长者恭恭敬敬,就像潺潺的溪流顺着河道流淌一样自然。大家都遵守这个规则,社会也就像一艘稳稳前行的大船,能够保持稳定啦。

在家的小天地里,夫妻相处有讲究。朱熹的**"夫妇有别"**并非让两人分居,而是像玩家庭分工游戏。老公似"外交大臣"忙赚钱,老婆如"内政大臣"理家务,彼此尊重不越界,恰似相声搭档超默契,把日子过得甜甜蜜蜜,让旁人艳羡不已。

## 2. 啥是八德?

这"**孝、悌、忠、信、礼、义、廉、耻**"就像是儒家的"八大法宝",个个都闪着道德的金光呢。

朱熹觉得,这八样好东西得赶紧塞到孩子们的小脑袋瓜里,让他们从小就开始学。这就好比给小机器人输入正确的程序,让他们在日常的"打怪升级"(日常生活)中践行这些准则。这样一来,社会这个大游戏世界就能有良好的风气和井井有条的秩序。

这"八德"和前面的"五伦"都是儒家伦理道德教育的核心宝贝,有些内容重合得就像双胞胎似的。那咱们现在就像在宝藏堆里挑宝贝一样,找那些还没唠过的讲讲吧。

比如在人与人相处中,讲"**礼**"就很重要。礼就是规矩、准则。

大家都讲礼，用相应的礼仪待人接物，才能处世相安、社会和谐。

礼数太过或者礼数不够都不好。

"**廉**"洁自律，拒绝贪污腐败，是每一个人的必修课。那些历史上有名的廉洁之人，无论生活多么艰苦，也不会违背道德原则去谋取私利。

很多人犯了错，往往不承认，为啥？

怕丢人嘛，羞"**耻**"呗。

犯错很容易,能正视错误很难,能改正更难。

只有知道错误,知道耻辱,改正错误,才能奋发向上,成就大业。

八德和五伦都是朱熹打造君子的思想指导,朱熹还很重视实践的功夫呢。

## 3. 如何玩转六艺?

先来说说什么是六艺。

它是指古代中国儒家教育的六门基础课程,它们分别是:

礼

乐

射

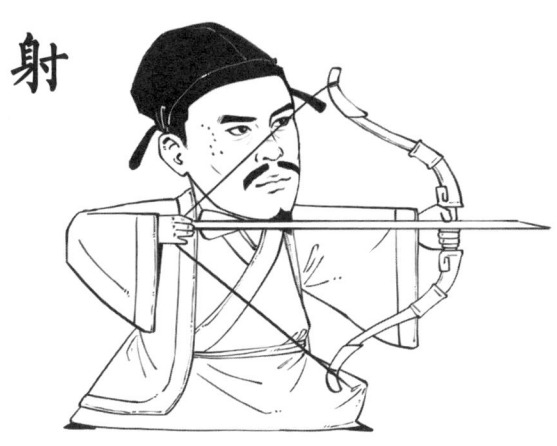

御

书

数

这里的礼指礼节，乐是音乐，射是射箭，御是驾马车，书是书法，数是指算数。

朱熹认为"六艺"不仅是技艺，需要传授和练习，它更能培养学生的道德品质。

**朱熹自己很精通六艺，我们挑重点说说：**

六艺中的御和射，这两项体育运动，不仅需要很强的专注力、自控力，还要有一定的耐性，所以朱熹表示可以通过它们来"观德"。

**要考察一个人是否冷静、专注、克制……**

三、朱子的教育思想

你可别小瞧古代人,别以为只有咱们现代人在数学的海洋里"扑腾",古代人也学数学,而且学得那叫一个有深度。

朱熹就有自己的见解,他觉得**"数,所以明理也"**。这啥意思呢?就是说,古代六艺里的"数",可不是简单的数学运算,就像盖房子,它可不只是垒砖头,还包含了一定的逻辑,就像房子的骨架一样,能解释事物是咋运行的。

再说说六艺中的"书"吧,它就像一个"两面派"。一面是书法这种艺术技能,就像舞蹈一样,每个笔画都有自己的姿态;另一面呢,是习写的内容。

朱熹觉得**"书,所以明道也"**。这就意味着,学"书"这个技能可不能只当个花架子,光写一手漂亮字就完事儿了。更重要的是,读书、写字就像两把钥匙,能帮助人们打开知识的大门,明白各种道理。

说到读书，朱熹那可是有一套自己的独家秘方，一套独具特色的方法，就像武林高手有自己的绝学一样。

要是读书没有正确的方法，

等于白读！

三·朱子的教育思想

都说读书要破万卷,下面我们就来看看朱熹的读书法:

## 4. 朱熹独创的"读书法"

读书是获取知识的重要方式,一个好的读书法可以提高效率,增强知识的运用。

朱熹作为一代大儒,读书量一定不少,那么他是怎么做到的呢?有什么窍门吗?

这个问题不光我们好奇,连朱熹一个叫李守约的学生,他也很好奇。

要不你透露一下?

只见朱熹默默掏出一堆卡牌……

其实总结下来,朱熹的读书法,核心就六点:
**循序渐进、熟读精思、虚心涵泳、切己体察、着紧用力、居敬持志。**

是不是看上去一脸困惑？
不要慌，有混子哥呢。

朱熹认为，读书没有捷径可走，要立志谦虚，用心认真，抱着求知的心态才能读进去，才能达到读书的目的。

不要想着抄近路，走偏路，要做好每一步，这叫"居敬持志"。

朱熹讲的读书方法里,**"居敬"**可是个关键,就好比你读书的时候,得像个专注的小卫士,精神高度专一,把那些个分散注意力的"小怪兽"全都赶跑,让自己的注意力牢牢集中在书本上。

还有**"持志"**也不能少,这就是要你坚定学习的志向,心里得立下志向,要朝着学习圣贤之道这个大目标使劲儿奔,可不能半途而废。

"居敬"指读书时精神专一,注意力集中;"持志"则是要坚定学习的志向,立志要学习圣贤之道。

明确了读书的目的后,那具体咋读就很重要了。朱熹觉得书首先得**"熟读"**。啥叫"熟读"?就是要把书本读得滚瓜烂熟,最好能像刻在脑子里一样背下来,这样书里的内容才能真正变成自己的"小宝藏"呢。

光熟读还不够哦,还得**"精思"**,这就是要你开始琢磨琢磨作者的想法了,就像个小侦探一样,去探究作者为啥这么写、想传达啥意思,这样读书才能越读越有滋味,越读越有收获。

"熟读",是把书本读得滚瓜烂熟,最好背下来;"精思",是要开始想一想作者的想法。

熟读之后就要开始理解文章的中心思想了,只见朱熹又甩过来两张卡牌……

它们就是：

读书时要把书中的道理和知识，与自己的生活经验相结合，活学活用，用书中道理去指导自己的生活。

读书还要保持客观,不要先入为主,不能没读几页就曲解了作者的意思。要保持清醒,反复体会,再来判断。

不了解书中的真义,只靠自己的想象,这样会有进步吗?

三、朱子的教育思想

人这一生要读的书太多了,所以最宝贵的是什么?时间啊!

要以极高的热情去读书,要废寝忘食地去读书,抓紧一切可以读书的时间,什么厕上、马上、枕上……

要以极高的热情去读书,要废寝忘食地去读书,抓紧一切可以读书的时间,什么厕上、马上、枕上……

读书要有逻辑和体系,从第一页到最后一页,人的认知理解水平有限,一般来说都是从简单的书籍慢慢过渡到难的书籍。

朱熹讲读书要有逻辑和体系,就像盖房子,得一块砖一块砖、一层一层地从地基开始往上盖,从第一页稳稳当当地读到最后一页。你想啊,人的认知理解水平就像个小杯子,容量有限,所以一般都是先从简单的书籍入手,就像先喝清淡的茶水,慢慢品出滋味后,再去尝试那些苦涩却更有韵味的浓茶,也就是慢慢过渡到阅读较难的书籍。

有了这六招,你就是个读书高手了。

当我们再仔细琢磨一下这六点读书法的时候,嘿,就会发现一个大秘密!朱熹这六条方法就像六个小伙伴,它们可不是自己玩自己的,而是手拉手、心连心,相互联系、有机结合在一起呢。它们组合起来就像一个精密的小机器,形成了一个完整的学习闭环。

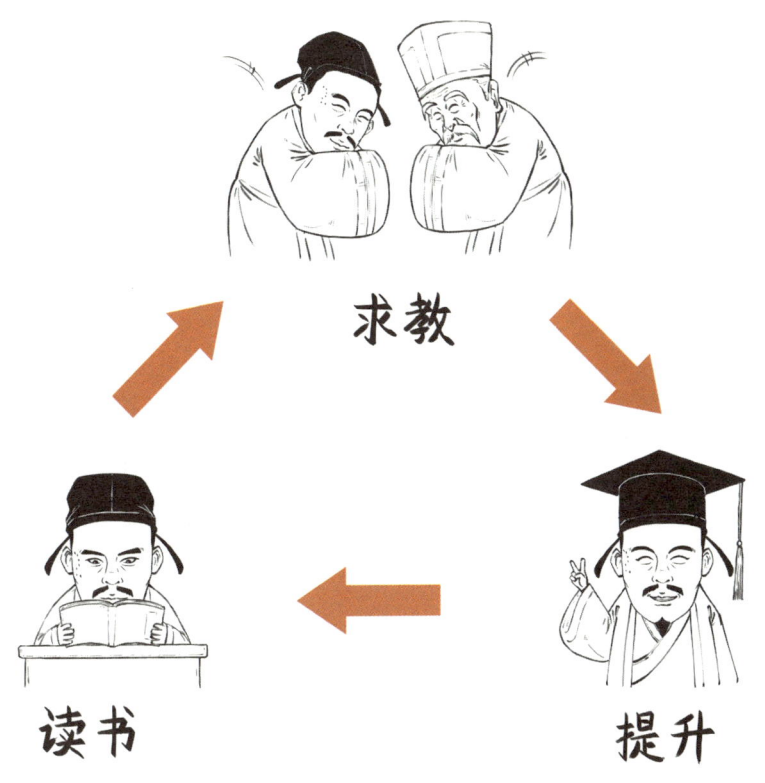

## 5. 朱熹的"分段式教学法"

在朱熹闪亮登场之前,古代人读书上学就像大杂烩一样,小孩和大人挤在一块儿上课,大家都读一样的教材。朱熹一听,直说:"这可不合理,就像把小鱼和大鱼放在一个池子里,不合适。"他觉得小孩和大人得分开读书。

那为啥要这么分呢？朱熹可把小朋友的心思摸得透透的。小朋友就像小嫩苗，接受能力有限。

所以朱熹认为"**小学之事，知之浅而行之小者也**"。这意思就是说，对于小朋友的教育，重点可不是知识的深度，就像不能让小嫩苗一下子就承受狂风暴雨一样。重点得放在培养他们良好的学习习惯和生活习惯上。

这就好比给小嫩苗浇水施肥，让它们先把根扎稳，以后才能茁壮成长呢。比如说，要让小朋友学会规规矩矩地坐在书桌前，认真听讲，按时完成作业，还有养成早睡早起、尊敬师长这些好习惯。这些习惯就像小基石，为他们以后的学习之路铺好第一步。

## 什么是好的学习习惯？

咱们举个例子吧，比如读书，朱熹是这么要求小朋友的，叫"三到"：

但对于大一点的青少年，甚至是成年人，他们完成了小学的基础教育，启了蒙，心智已开，就得学点高难度的知识了。

这时候朱熹就要求"**大学之道，知之深而行之大者也**"，要学会理念，要开始格物致知，思考事物的内在逻辑和变化，追求道理。

朱熹把教材也区分了一下，小学要读一些简单的书籍。市面上没有合适的，他就亲自编写了《小学》《童蒙须知》等教材。

对于大学，那无疑先贤大师们所写的"四书"，也就是《大学》《论语》《孟子》《中庸》，就是最好的教材。

但是这四本书因为年代久远,再加上过于分散,不好复习。

于是朱熹将四书进行融合,而且择取了先师们的观点和自己的注释,最后汇成的一本书,叫**《四书章句集注》**(简称《四书集注》)。

这本书有多重要呢?

这么说吧,后面历朝历代的考试,它就是最强教辅书。

你看，朱熹提出了这么多和教育相关的理念，身为教育大师，最好的教育场景应该是在自己开的学堂吧？

　　那么朱熹如何在家庭教育中，给我们启发呢？咱们接着往下看。

## 四、朱子家训就是一本家教圣经

朱熹的教育思想里藏着个超绝的亮点,那就是教育得麻溜地回归家庭。小孩嘛,就好似那刚冒尖的小嫩苗,教育和品德培养必须趁早,不然就像错过播种季的种子,以后长歪了可咋整?

朱熹对家庭教育那重视程度,简直绝了,重视到像母鸡护崽似的捣鼓出一本《**朱子家训**》,这可妥妥的是本修炼绝世神功的秘籍。

古代的家族那阵仗可老大了,同姓的亲戚,一大家子聚居在一起。家训呢,就是家族里那些唠唠叨叨但又超有料的教导,家书啥的也都掺和在里头。

《朱子家训》简直就是朱熹给后人精心打包的超级大礼包,塞得满满当当的都是关于家庭教育和个人修养的智慧锦囊。

虽说它是从封建时代那个"老古董"时期冒出来的,可对咱现在的家庭教育来说,就像一把能开所有锁的万能钥匙,管用得很。真应该家家都备上一本,家长们拿着它,就仿佛手握魔法棒,能把自家孩子引上光明正道,厉害得不要不要的!

## 堪称家庭教育的圣经!

咱们先来介绍朱子家训:其实它挺短的,三四百个字,但浓缩的往往才是精华。

朱熹用简朴的语言,却勾勒出丰富的道德伦理思想。

朱子家训可以分成五段来理解:

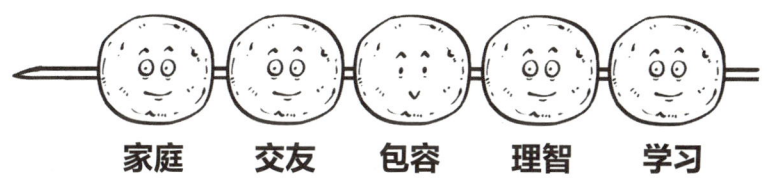

家庭　交友　包容　理智　学习

咱们结合一些原文和现实案例来说明一下:

# 一、家庭要和睦

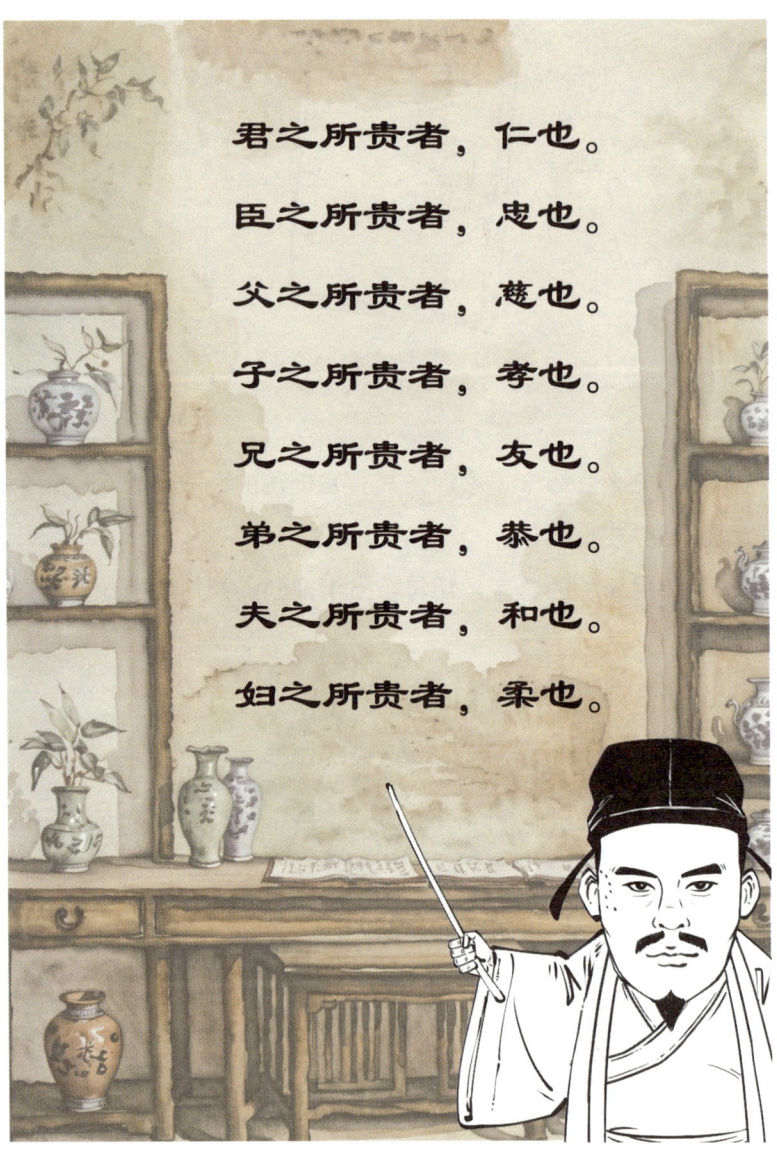

君之所贵者，仁也。

臣之所贵者，忠也。

父之所贵者，慈也。

子之所贵者，孝也。

兄之所贵者，友也。

弟之所贵者，恭也。

夫之所贵者，和也。

妇之所贵者，柔也。

**为君者要仁政爱民,为臣者要忠君爱国,为天下人都做到家庭和睦起到榜样作用。** 朱熹强调家庭关系,要明确每个家庭成员在家庭中的角色和责任,挑重点说:

父之所贵者,慈也。
子之所贵者,孝也。

虽然朱熹这段,主打一个**父慈子孝**,但混子哥看来,朱熹这段饱含深意:

## 父慈

父母要给足
**慈爱与呵护**

## 子孝

孩子要具备
**同理心**

四、朱子家训就是一本家教圣经

我们在生活中常常会发现，

有些孩子，
乐观积极勇敢；

有些孩子，
胆小·消极懦弱。

调查发现，这跟孩子能否从父母身上获取足够的爱意和安全感息息相关。

这些孩子，往往
有对慈爱的父母；

这些孩子，往往
缺少父母的慈爱。

父母得做到慈爱，孩子才能有安全感，才能变得勇敢自信。

**具体要怎么做呢？**

就算是当年的我，也做不到这么快。

**换位思考：**

尝试站在孩子角度，
体会他们的感受。

**多给拥抱：**

给予温暖的身体接触，
增强情感联系，
让孩子感受到安全感。

**及时肯定：**

关注孩子的努力，
肯定每一点进步。

**陪伴鼓励：**

鼓励孩子去探索和尝试，
培养自信心和创造力。

四 · 朱子家训就是一本家教圣经

家庭教育那可是场马拉松，爸妈得像学霸不停充电，管住暴脾气，淡定理性养娃。娃可是个机灵的"模仿家"，爸妈老"炸毛"，娃也得跟着"着火"。

人得搞清自己角色定位，别乱套。家里兄友弟恭似双侠联手，夫和妇柔像鸳鸯戏水，这氛围才甜如蜜，全家乐开花！

## 二、和人相处有选择

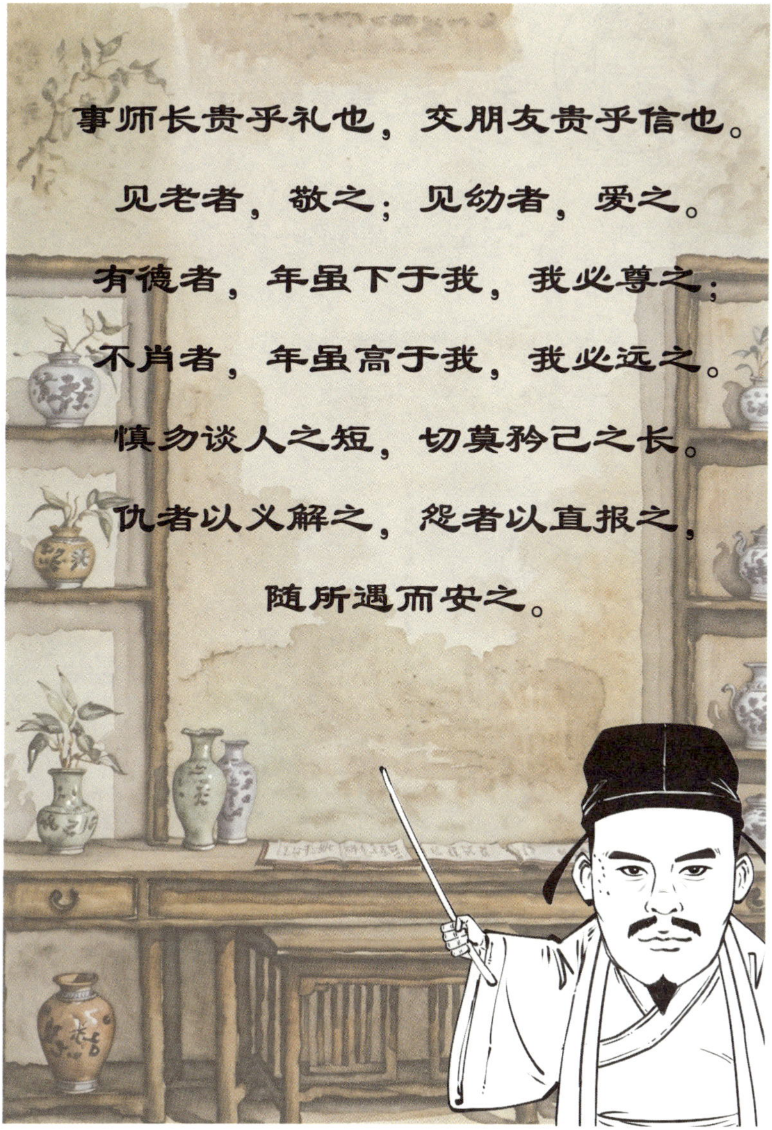

事师长贵乎礼也，交朋友贵乎信也。

见老者，敬之；见幼者，爱之。

有德者，年虽下于我，我必尊之；

不肖者，年虽高于我，我必远之。

慎勿谈人之短，切莫矜己之长。

仇者以义解之，怨者以直报之，

随所遇而安之。

如何与别人相处？咱们看下面这句话。

有德者，年虽下于我，我必尊之；
不肖者，年虽高于我，我必远之。

啥意思呢？意思就是：有品德的小孩，也比没品德的老人，值得尊重。

是不是很大胆？不是说好尊老爱幼的吗？

但在混子哥看来，朱熹其实更想说的是一种价值观：

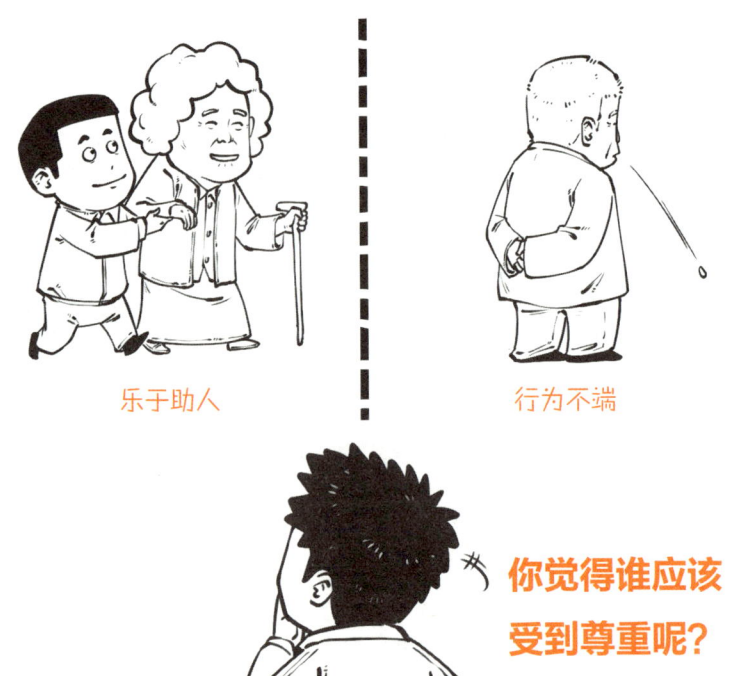

乐于助人　　　　行为不端

**你觉得谁应该受到尊重呢？**

在日常生活中,咱们面对一个事物的时候,总喜欢"贴标签",这是一种归类,也是一种价值观和社会认同。

为什么常说父母是孩子的榜样?因为人和人之间是会相互吸引的,给自己贴标签,认为自己是什么样的人就会往什么方向发展,这就叫**遵循社会准则**。

选择尊重有德者,是认为自己也是有道德的人。

选择尊重不肖者,实际上自己也是品德低的人。

没有一个父母愿意自己的孩子跟"坏孩子"一起玩,所以要想把孩子培养成一个有道德的好少年,家长是不是应该行动起来?

**不断学习和提升自己的品德修养。**

**寻找道德榜样,历史名人、社会楷模等,激励自己。**

**定期自我反思,直视自己内心,有没有真正重视品德。**

我不该那样做!

最后一句就是为人处世的态度：

慎勿谈人之短，
切莫矜己之长。
仇者以义解之，
怨者以直报之，
随所遇而安之。

其中就是做到两点：

**尊重**　　　　　　　　　　**谦虚**

要尊重他人，　　　　　不傲慢自夸，有**谦卑心**，
多看别人的好处长处。　　**处事宽容公道**。

对外交往的时候，就可以很淡定了。

## 三、包容他人

人有小过，含容而忍之；

人有大过，以理而谕之。

勿以善小而不为，

勿以恶小而为之。

人有恶，则掩之；

人有善，则扬之。

在人和人的交往中,面对他人的小过错时,是选择包容?还是针尖对麦芒?

朱熹说,分情况:小错误,估计是一时疏忽,稍微包容一下;至于大错误嘛……

那就该我管了!

但有一说一,包容不能解决全部问题,老话说得好,千里之堤毁于蚁穴,小错不改正,终将铸成大祸。

勿以善小而不为,勿以恶小而为之。

朱熹觉得善恶这事儿,大小可不能当成评判做不做的尺码:善事哪怕芝麻大点儿,也得麻溜去做;恶事就算针尖小,也绝对不能沾边儿。

在日常生活中,孩子们常常面临各种选择,这些选择看似很小,是小事,却会对人生产生深远的影响。

虽说这话本意是劝大家往善这边走,可混子哥眼睛尖,瞅见了积累在其中的作用:

干点小坏事,
没人管教。

放纵没边界,胆子变大,
导致犯罪。

这不就是咱老念叨的"量变引起质变"吗?哪怕数量一丁点儿,只要一个劲儿叠加,也能变成个大怪兽哦!

比如校园霸凌事件，霸凌者可能不是一开始就肆无忌惮的，同样，这是一个积累的过程：

从最初的起侮辱性外号，

然后升级成
语言暴力，

最后演变为
暴力霸凌。

## 怎么防止这样的事发生呢?

孩子们还小,正确的三观还没有形成,有的时候无法判断对错是非,这就需要我们父母、老师,前来把关。

勿以恶小而为之。在校园霸凌还处在初期的时候,家长和老师就应该积极介入,把暴力消灭在萌芽状态,不让它开出罪恶之花。

# 四、做事要理智

处世无私仇，

治家无私法。

勿损人而利己，

勿妒贤而嫉能。

勿称忿而报横逆，

勿非礼而害物命。

勿损人而利己，
勿妒贤而嫉能。

不要通过损害别人，来为自己谋利；看到别人有才华，也不要心生妒忌。

朱熹是在说做人要道德高尚。

这些都是**负面情绪**。

除此之外还有焦虑、恐惧、愤怒、自卑……

负面情绪会影响孩子的思维判断，特别是一上头，会做出很多出格的事。

不仅破坏了孩子和同学的关系,还引起周围人的不信任和反感,自己也越发被孤立。

这样的孩子,每天面对的都是噩梦。

## 正面情绪哪来的?

很大的一部分来自家庭:

和谐的家庭,
让孩子获得正面情绪。

不和谐的家庭,
让孩子接收负面情绪。

无法获得正面情绪,负面情绪傍身,开始过分关注他人而忽视自己。

**压力大**　　**身体应激反应**　　**怀疑自我**

这些都是很危险的信号,不能任由它们发展。

## 那具体该怎么办?

还是要回归家庭,家是避风的港湾,父母是最好的心理导师:

制造每天的小确幸,就会积累成大大的正面情绪。

被幸福感包围的孩子,负面情绪就无法伤害到他们。

# 五、什么时候都不要忘了学习

见不义之财勿取,

遇合理之事则从。

诗书不可不读,

礼义不可不知。

子孙不可不教,

童仆不可不恤。

斯文不可不敬,

患难不可不扶。

诗书不可不读，
礼义不可不知。

诗书是指儒家的经典之作，如四书五经等，这些都是朱熹口中的圣贤之书，多读他们准没有坏处。

这个教育方法，朱熹是跟孔子学的。孔子教育孩子，也是要多读书，主要是多读这两本：

## 为啥要读《诗经》和《礼记》呢?

这《诗经》啊,就像是个装满宝藏的魔法盒子,是本超级百科奇书!它就像个小镜子,明晃晃地照映出民间的现实生活百态,啥稀奇古怪的知识都能在里头挖到。

而《礼记》呢,则是儒家手里的一本"宝典",专门讲述国家典章制度。书里仔仔细细地记着周礼中那些礼仪规矩,什么婚丧嫁娶的讲究、拜师谢礼的门道,在古代那可都是人们生活的重要导航仪,就跟现在的手机地图似的,没它不行。

把这引申到咱们现代社会,也照样管用得很呢!多读书就像是给咱的脑袋瓜开疆拓土,把认知边界不断往外扩。父母们可得上点心,该做的事儿一件都不能落,教育自家"小神兽",对那些弱小的群体多体恤,把优秀的传统文化这宝贝疙瘩重视起来,看到困难的就伸把手帮扶,这些可都是家庭教育里必不可少的"硬菜",少了哪样,家庭这台小机器就没法顺畅运转啦!

此乃日用常行之道,若衣服之于身体,饮食之于口腹,不可一日无也,可不慎哉!

来总结一下,朱熹那教育思想简直就是一座超级无敌大宝藏,又深又广,深不见底像神秘的魔法古井,广得没边似浩瀚宇宙。它可不光是在古代威风,把后世王朝的教育体系搅得"翻天覆地",那教育精髓更是像个神奇的时空穿越侠,"嗖"地一下跨越千年来到咱现代,给如今的家庭教育塞了满满一箩筐的智慧锦囊。

咱可得怀着敬仰之心,去挖掘朱熹的教育理念,把它的现代价值像挖宝藏似的一点一点抠出来,然后用这些宝贝疙瘩,精心打造出一个超酷的家庭教育模式。这个模式既科学得像精密仪器,又人性得像温暖小窝,还紧跟时代潮流,就像时尚达人走在潮流前线,闪瞎众人眼!

# 五、朱子理学对世界的影响

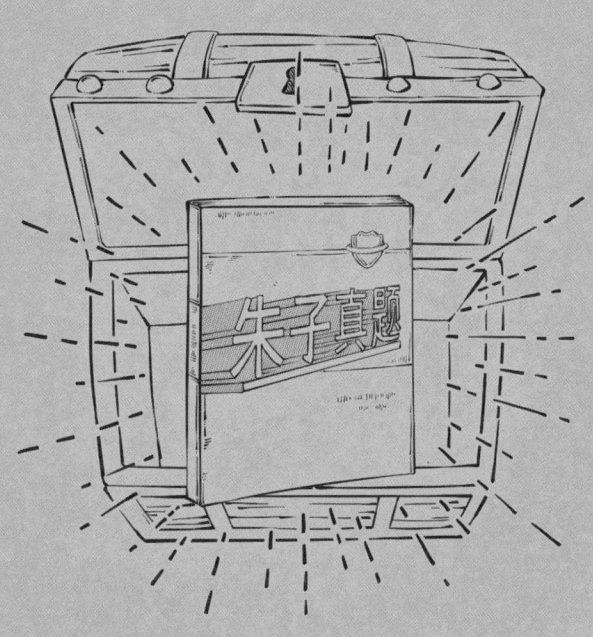

朱子理学那可是个"智慧批发商",给咱中国乃至全世界都哐哐派送了数不清的智慧结晶。谁要是能把这些智慧糖果一股脑儿装进兜里,还能吃得透透的,那这人立马就能像获得超能力一样原地起飞,"嗖"地一下冲向智慧巅峰。

咱也别整那些文绉绉的称呼了,干脆就亲切地管这些智慧遗产叫"**朱子真题**":

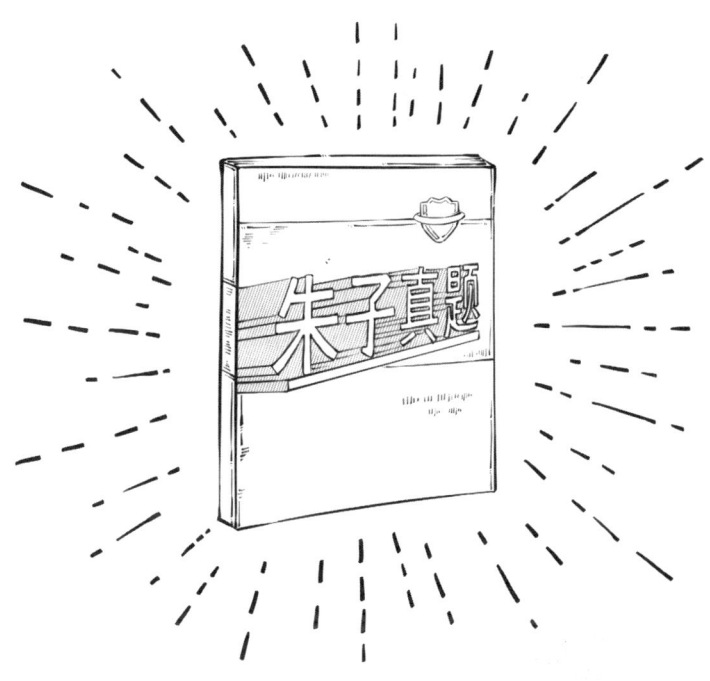

就好像这是朱子给咱出的一套超级无敌厉害的智慧闯关题,答好了就能升级,可有意思啦!

在1999年的时候,联合国教科文组织评定朱子理学是**"后孔子主义"**。这名字一出来,就好像给朱子理学披上了一件超华丽的"思想王袍",明晃晃地告诉全世界:"我在中国思想的大舞台上那可是'C位出道',在世界文明的历史大秀场里也是超级名模般的存在,地位杠杠的,影响那叫一个深远。"

"朱子真题"是一种比喻,指的是那些能够体现朱熹学术思想精髓的问题及其答案。

混子哥带你一起看看：

# 朱子思想对世界有啥影响？

## 一、对中国的影响

朱熹去世后，朱子理学在元明清三个朝代爆火，成为官方唯一指定思想。

据说宋理宗、康熙都是朱子理学的铁杆粉丝。

俗话说，"火不过三代"，随着中国最后一个封建王朝清王朝的灭亡，朱子真题也哑火了，这是逃脱不了封建社会制度产生的一个宿命问题。

来到近代中国，朱子真题该何去何从呢？

它对近现代的中国又产生了哪些影响呢？

## 1. 新中国成立以来

中华人民共和国成立后,大咖学者们纷纷站出来点赞朱子理学,他们还夸朱子是继孔圣人之后,对中国影响最深远的哲学家。从那以后,朱子理学得以正名。

五、朱子理学对世界的影响

## 2. 20世纪80年代以来

朱子理学又迎来了春天。

很多学术界的大咖,打破了封建社会束缚朱子理学的"紧箍咒",给朱子理学来了个"变身戏法",让它跟上了时代的步伐。

于是,学者们翻箱倒柜寻找那曾经尘封的朱子真题,重启了淘宝之旅。

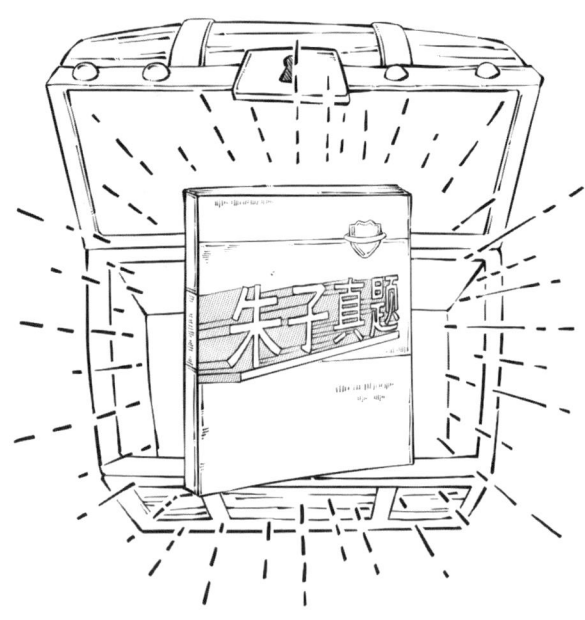

其中在教育领域就挖了不少宝藏:

**教育新理念**

有种说法认为,受朱子理学里"格物致知"这四个字的启发,现代教育也开始讲究让学生们学会深入研究,培养他们爱提问、爱思考的脑瓜子。

**课程大变身**

朱子理学里啥都有,哲学、道德、科学全方位覆盖,如何给学生设计一套全新的课程体系?

Step1:系统性总结分析朱子理学的精髓。

Step2:在朱子理学基础上加入创新想法,并根据学生实际学习效果不断校正课程大纲和内容。

Step3：汇编一套全新的教学方案。

**教学玩新花样**

朱子理学里讲的"因人而异"的教学法，现代教育也拿来用了，课堂上老师和学生互动多多，鼓励孩子们大胆提问，一起探讨。

## 3. 21世纪以来

国家大力倡导建设廉洁政府，制定反腐败和治国理政新举措，习近平总书记多次在重要讲话中引用朱熹的论述：

2016年1月,习近平总书记在省部级主要领导干部学习贯彻党的十八届五中全会精神专题研讨班上引用朱熹《答或人》中的语句——

2020年1月,习近平总书记在"不忘初心、牢记使命"主题教育总结大会上引用朱熹《论孟精义》中的一句话——

五、朱子理学对世界的影响

习近平总书记还多次引用最能代表朱子"民本思想"的名言——"**国以民为本，社稷亦为民而立**"，强调"要特别重视挖掘中华五千年文明中的精华，弘扬优秀传统文化"。

朱子理学不仅仅属于中国的，它还是属于世界的。

## 二、对世界的影响

朱子理学主要传播到了以下国家：

东亚：日本、朝鲜、越南等地。在这些国家，朱子理学对其教育、政治理念、社会道德规范等诸多方面产生深远影响。

东南亚：新加坡、马来西亚等地。主要通过当地华人社团、华文学校、孔庙书院等场所和活动进行传播，对华人社群价值观塑造有重要意义。

欧美：法国、德国等地。主要通过传教士传入，对当地启蒙运动思想家和部分哲学家的思想体系构建起到积极的影响。

朱子理学不仅继承和发扬了孔子的儒家思想,其深刻的哲理和严密的逻辑,为后世树立了道德和智慧的标杆。

朱子真题正如那"江边春水",源源不断地流淌在人类历史的长河中,"自在行"地滋养着一代又一代人的智慧和品德。

# 番外篇：朱子有趣的灵魂

朱熹这位理学大师，平日里满是学术气息，在他的生活里也藏着不少趣味彩蛋哦。

他对写诗那叫一个痴迷，在诗坛的功夫相当了得。即便如此，他还是改不了那"职业病"，写诗都得把理学掺和进去，每一首都像是个穿着华丽诗词外衣的道理小讲师。

就说那首《春日》里的经典名句：

本是描绘春日盛景，却也隐隐透着他对世间哲理的感悟，仿佛在说，这繁花似锦背后，也有着自然规律与人生之道的巧妙融合，读来让人在赏景之余，不禁对其中深意细细琢磨，真不愧是朱熹式的"诗意说理"呀！

再比如《观书有感》里的名场面:

半亩方塘一鉴开,

天光云影共徘徊。

朱熹这人可太有趣了。瞧见池塘里的水清澈透明，就跟个执着的侦探似的，非得把水为啥这么清搞清楚；弄明白是有活水不停注入后，还不罢休，又接着追查这活水的源头在哪。

在研究自然这方面，朱熹就像在星夜中闯荡的探险家，热情满满。他老琢磨自然的道理，每次有点新发现，就跟捡到了超级大宝贝一样兴奋。他捣鼓出好多新颖的自然科学想法后，还特别积极地到处宣传自然知识和科学思想。

想不到吧，我其实是个科学家！

著名学者钱穆说："朱子言格物，不得谓其是一自然科学家，然朱子于自然科学方面亦有贡献。"英国科学史家李约瑟称朱熹是"一位深入观察各种自然现象的人"。

朱熹的学说那叫一个光芒万丈,结果把他书法超厉害这事儿都给遮得严严实实。他在行草领域那可是大拿,尤其是写大字,相当有一手。

像《城南唱和诗卷》《千字文》《书易系辞册》这些作品,都是他书法才华的见证。

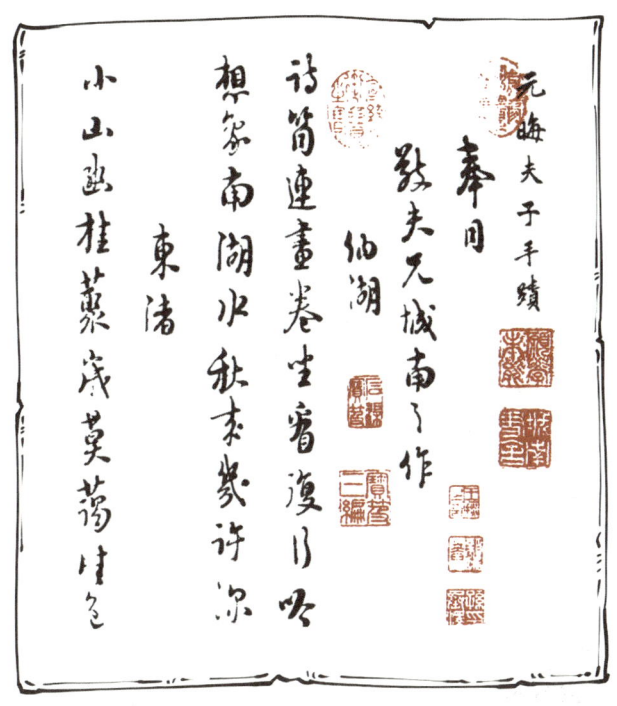

《城南唱和诗卷》

民间对朱子那是敬重得不得了,到处都能瞅见朱子的手迹。还有人专门收集他的手迹拼成文章,有名的《训士箴》,从朱子手迹里挑了224个字呢。

朱熹的字,骨架硬朗,笔锋走势沉雄有力,绝对是书法界的上乘之作。

**《书易系辞册》之十四**

朱熹这人爱好还挺多,除了写诗、玩书法,对古琴也情有独钟。

琴这玩意儿属于音乐范畴,是儒家六艺里的重要一项。儒家老早就把"礼、乐、射、御、书、数"这六艺当作学生必备的基本技能,朱熹多方面的才艺,也真让人不得不服。

朱熹从小在名师的耳濡目染下，不仅学问越来越高，琴技也日渐精深，他经常一个人弹琴自娱自乐。

朱熹写的《碧涧流泉》，被古琴界称为"小流水"。琴音能弹出山林幽涧，泉水缓缓流出的意境。

朱熹对古琴那可是爱得深沉,理解得透彻,肚子里全是独特的见解。在他的古琴收藏里,"雪夜宾"和"冰磬"最为出名。

这"雪夜宾"还有一段佳话。朱熹有一回把"雪夜宾"琴送给了当朝宰执大臣王淮。这可不是随便送送,他盼着王淮能沿着中正平和的康庄大道走,用中庸之道去治理国家。

在古代,琴可是被看作超级高雅的玩意儿,文人雅士之间常常拿它当礼物送来送去。

番外篇:朱子有趣的灵魂　199

朱熹觉得光弹琴没意思,他还自己动手写书:

《琴律说》

还在历史上首次提出了"琴律"这个律学名词。

《琴律说》里都是关于古琴音律及其运用方面的研究,非常专业。

朱熹觉得光写音乐书籍还不够，得来点歌词才行。有一次他去武夷山九曲溪游玩的时候，面对沿途美景，朱熹一口气写了十首《九曲棹歌》。

棹歌是船夫唱的民歌，朱熹是第一个把棹歌上升到文学高度的人。

朱熹在人生的71年时间里，有40多年是在武夷山度过的，所以也养成了喝茶的爱好。

有时他会在武夷九曲溪流中的巨石上设立茶席，以茶会友。

他还品出了茶与道的相通之处，阐明了"理而后和"的大道理。

朱熹喝茶都能品出人生大道理。他琢磨出来，喝茶就如同做人，起初苦涩，慢慢品才有回甘，人生亦是如此，开头难免忧患重重，可只要肯勤奋努力，往后便能收获愉悦与幸福。人与人相处也有门道，讲了"礼"，关系才能"和"。大家伙儿若一开始就规规矩矩遵理守法，整个社会不就和谐得像一曲美妙的乐章吗？

说完这些冷知识，其实我们不难发现，朱熹不仅仅是一个圣人，在日常生活中，他也是一个爱好广泛、有血有肉的普通人，越了解朱熹，就会越来越多的发现他的闪光之处。

朱熹在中国乃至世界的文化和教育领域那可是相当厉害，就像一颗特别亮的星星，一直闪闪发光，对后来的影响特别大。在社会和文化方面，他的地位和孔子一样举足轻重，是大家都公认的文化权威一样。

等咱们读完这本书，真正走近朱熹、读懂朱熹，心里肯定会对朱熹这位了不起的前辈充满敬意和喜爱。他就像一个很有智慧又不失亲切的长辈，拿着能开启知识和道德大门的钥匙，带着我们走进一个充满文化和思想魅力的世界，让我们在里面尽情吸收好知识，不知不觉地就被他的思想给深深吸引住了。

## 混知的故事

这是一个漫画为自己正名的故事。

混子哥是个爱画漫画的家伙,因为总是上课偷偷画漫画而没少挨批评。但他后来发现,既然漫画可以画明白一个故事,当然也可以更有用地,给你画明白一个知识。

就是那一年,混子哥、鸡毛、蒙古王、小老王在一个出租屋里,组成了混知这个小团队。他们在一起思考,到底应该怎么样,才能把知识画得像故事那么有趣!

## 怎么做呢?

把读过的书、学过的知识,整理好逻辑,然后把历史画成好玩的漫画,把引力波画成好玩的漫画,把转基因画成好玩的漫画……

让大家在百忙之中,能迅速扫清一些哪怕是最粗浅的知识盲区!

于是大家发现,原来历史不只是满眼"××××年",而是一个个比故事还精彩的故事;

物理也不只有"根据质量、距离来计算受力",而是胖子用万有引力的链条遛着瘦子打转!

用搞笑的漫画，讲难啃的知识，大家挺喜欢。

"原来知识还能这样讲！"

"要我读书时能这样学习该多好！"

逐渐地，有数千万粉丝，等着我们更新，看又讲了什么新知识。

也有数千万读者，读混知的书。在公交站台、高铁和拥挤的地铁上，都可能看到他们捧着混知图书的身影；

你会发现，原来要啃数十页文字才勉强搞懂的知识，现在只需几张漫画——这是图像的力量！

你会发现，在混知这，既能学知识，也从不耽误开心——这是兴趣的力量！

你会发现，看混知的文章，你会拥有一根"魔法绳子"，能将知识碎片串成有体系的知识——这是逻辑的力量！

现在，混知已是一百多人的专业团队，包含许多领域的专业人才。我们志同道合，做了9年知识普及，研究了9年如何让知识更直观，更让你开心，且更有逻辑，努力变成那个你学习路上，能处处帮到你的人！

换句话，

**混知，就是你学习的"神助攻"！**